Reiki
Cura e Harmonia Através das Mãos

Tanmaya Honervogt
Mestra e Professora de Reiki

Reiki
Cura e Harmonia Através das Mãos

Tradução
EUCLIDES LUIZ CALLONI
CLEUSA M. WOSGRAU

Ilustrações
MARK PRESTON

EDITORA PENSAMENTO
São Paulo

Título original: *Reiki – Healing and Harmony Through the Hands*.

Copyright © 1998 Gaia Books Ltd., Londres.
Copyright do texto © 1998 Tanmaya Honervogt.

Todos os direitos reservados. Nenhuma parte deste livro pode ser reproduzida ou usada de qualquer forma ou por qualquer meio, eletrônico ou mecânico, inclusive fotocópias, gravações ou sistema de armazenamento em banco de dados, sem permissão por escrito, exceto nos casos de trechos curtos citados em resenhas críticas ou artigos de revistas.

O primeiro número à esquerda indica a edição, ou reedição, desta obra. A primeira dezena à direita indica o ano em que esta edição, ou reedição foi publicada.

Edição	Ano
5-6-7-8-9-10-11-12-13-14	11-12-13-14-15-16-17

Direitos de tradução para a língua portuguesa
adquiridos com exclusividade pela
EDITORA PENSAMENTO-CULTRIX LTDA.
Rua Dr. Mário Vicente, 368 – 04270-000 – São Paulo, SP
Fone: 2066-9000 – Fax: 2066-9008
E-mail: pensamento@cultrix.com.br
http://www.pensamento-cultrix.com.br
que se reserva a propriedade literária desta tradução.
Foi feito o depósito legal.

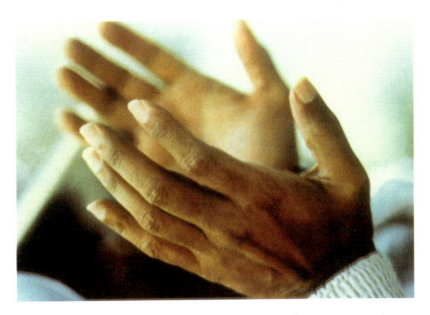

Este livro é dedicado a todos os buscadores e agentes de cura que anseiam por uma vida mais plena, em harmonia consigo mesmos e com todos os seres deste planeta.

"*A função do agente de cura é religar; mas isso não significa que ele precise fazer alguma coisa. O agente de cura é apenas uma função. Quem faz é a própria vida, o todo.*"
Osho, Beloved of My Heart

SUMÁRIO

Este livro 8

Introdução 10

Meu Caminho com o Reiki 14

O Significado do Reiki 24

A História do Reiki 34

Os Graus de Reiki 40

Os Tratamentos de Reiki 60

Reiki no Dia-a-Dia 94

Reflexões Sobre a Saúde e a Doença 122

Depoimentos 132

Glossário 141

Bibliografia 143

Agradecimentos 144

Endereços úteis 144

ESTE LIVRO

Reiki é uma técnica simples que consiste em transferir energia de cura de um doador para um receptor. A palavra *Reiki* significa Energia Vital Universal. A capacidade de realizar a cura durante um tratamento de Reiki é obtida por meio de sintonizações recebidas numa cerimônia especial de iniciação. A sintonização abre um canal no doador para que a energia flua por ele e se dirija para os pontos onde é necessária no receptor. A cura pode dar-se nos níveis físico, mental, emocional ou espiritual.

As sintonizações são realizadas durante seminários de Primeiro, Segundo e Terceiro Graus, por um Mestre ou Professor habilitado. Os símbolos próprios do Reiki e seus respectivos mantras, que possibilitam à força do Reiki operar num nível vibracional, são transmitidos pelo Mestre ao aluno, em confiança, durante os ensinamentos do Segundo e do Terceiro Graus. Esses símbolos são secretos e, por isso, não constam deste livro, mas a teoria que os fundamenta é bem explicada aqui.

Este livro é uma introdução ao mundo do Reiki, uma fonte e referência para cursos e seminários. Ele esboça a teoria e a história do Reiki e mostra as posições das mãos que são ensinadas, explicando como são usadas no autotratamento, no tratamento de outras pessoas e na cura de animais, de vegetais e de situações mais abrangentes. O livro tem ainda o objetivo de servir como inspiração visual a todos os que querem transformar o Reiki num componente importante de sua vida.

ADVERTÊNCIA

Os exercícios, posições das mãos e meditações descritos neste livro têm por objetivo a cura e a harmonização de seres vivos. No entanto, a autora adverte que, em caso de doença, o interessado deve sempre consultar um médico ou um agente de saúde. As posições do Reiki podem naturalmente ser aplicadas como forma adicional de tratamento. A autora e o editor eximem-se de qualquer responsabilidade pela aplicação dos métodos de Reiki descritos neste livro.

Introdução

"Enquanto não conhecemos o estado de sua harmonia interior, podemos no máximo livrá-lo de sua doença — porque a harmonia interior é a fonte da saúde. Mas quando o livramos de uma doença, você imediatamente contrai outra, porque nada se fez com relação à harmonia interior. Na verdade, é a harmonia interior que precisa ser abordada."
PARACELSO, *HIDDEN MYSTERIES OF EASTERN TEMPLES*

Segundo Paracelso, a fonte da saúde é a harmonia interior. Este livro pretende ajudá-lo a trilhar o caminho em direção à plenitude e servir como guia prático para atrair cura e harmonia para a sua vida.

O Reiki é um método de cura antigo que volta a ser conhecido e popularizado em nossos dias. É uma técnica simples, fácil de aprender, que pode enriquecer verdadeiramente sua vida diária.

Toda pessoa aberta ao Reiki pode aprendê-lo. Até mesmo crianças podem ser "iniciadas" no Reiki. O Reiki propicia uma percepção intuitiva abrangente das várias áreas da experiência humana — física, mental, emocional e espiritual. Além de promover o bem-estar físico, ele também exerce um efeito positivo sobre o equilíbrio emocional e espiritual. É por isso que, depois de um tratamento de Reiki, muitas pessoas se sentem renovadas, relaxadas, mais lúcidas e satisfeitas consigo mesmas.

Introdução

O Reiki é proveitoso tanto para pessoas saudáveis como para as doentes, de todas as idades. Você pode usá-lo para aumentar sua energia vital, para fortalecer o sistema imunológico e para prevenir doenças. Ao mesmo tempo, o Reiki ajuda a curar indisposições e doenças, como dores de cabeça, tensões físicas, exaustão, depressão e medos, além de distúrbios agudos e crônicos de toda espécie. De acordo com os escritos do dr. Hayashi (ver pp. 37-8), o Reiki trata simultaneamente as causas espirituais e mentais de uma doença, e não apenas os sintomas físicos. O papel do sintoma é mostrar que algo não está funcionando apropriadamente no corpo. Por meio da prática de Reiki, você aprenderá a ver o ser humano como uma totalidade de corpo, alma e mente e a tratar todos esses níveis como for necessário.

Espero que este livro o estimule a examinar a sua própria vida e que os exercícios práticos que ele apresenta o energizem, relaxem e enriqueçam. Reiki significa cura de si mesmo, e assim ele o ajuda em sua jornada de descoberta interior. A prática diária de Reiki contribuirá consideravelmente para a renovação de sua energia vital, para sua cura e para seu bem-estar físico e mental.

Divirta-se lendo e fazendo experiências; talvez você resolva tornar-se um "canal" para a energia vital universal, conhecida como Reiki.

Gostei muito de escrever este livro e compreendo agora que ele foi de fundamental importância para que eu aprofundasse meus conhecimentos sobre Reiki. A cada dia, aprendi mais e mais coisas novas sobre esse fascinante método de cura e sobre as diferentes possibilidades de uso de sua energia. Ensinar Reiki é sempre muito gratificante e pessoalmente estimulante, por isso eu gostaria de agradecer a todos os meus alunos pelo apoio que me deram e pela troca de experiências que fizeram comigo e que, por meio deste livro, fazem também com você.

Espero que você goste do que vai ler e que a leitura lhe sirva de inspiração – seja ela a inspiração que for, e a de que você precisa em sua vida.

Tanmaya Honervogt
Mestra e professora de Reiki
Chawleigh
Julho de 1997

Tanmaya Honervogt mantém cursos regulares de treinamento no método de cura do Reiki e promove palestras e seminários tanto na Grã-Bretanha como no exterior. Ela é fundadora da South West School of Usui Reiki Healing, em Devon, Inglaterra.

Tanmaya tem grande interesse pelas experiências de seus leitores e de outros praticantes de Reiki. Se você quiser escrever para ela contando suas experiências ou se desejar obter informações atualizadas sobre o trabalho que ela desenvolve, remeta a correspondência para:

Tanmaya Honervogt School of Usui Reiki
P.O. Box 2
Chulmleigh
Devon EX18 7SS
England
(Favor anexar envelope endereçado e selado.)

Capítulo 1

Meu Caminho com o Reiki

"O Reiki me deixa mais satisfeita e feliz com a minha vida."
Denise

O Reiki é uma dádiva do universo. À medida que você crescer com ele, estará contribuindo para a cura e para a harmonia de si mesmo e do seu mundo.

A Descoberta

No verão de 1983, eu estava de férias na Califórnia, ainda ignorante da maravilhosa arte de cura conhecida como Reiki. Estava com trinta anos de idade, e nos últimos oito anos eu havia participado de vários cursos de meditação e grupos de autoconhecimento — uma jornada interior que me aproximara um pouco mais de mim mesma. Na Alemanha, eu trabalhava como professora, mas não conseguira realizar-me pessoalmente.

Sentia vontade de aprender alguma forma de cura que envolvesse a imposição das mãos. Eu me dera conta de que havia alguma coisa em minhas mãos que precisava se expressar, mas não sabia o que poderia ser. Sabia que precisava manifestar um potencial oculto — uma possibilidade latente — e estava buscando uma maneira de fazê-lo vir à tona. Nessa época, eu pensava em massagem ou shiatsu, porque tinha certo conhecimento dessas duas formas de trabalho corporal, mas também estava muito interessada em algo relacionado com os chakras e com trabalho energético.

Meu desejo de aprender a fazer algo com as mãos levou-me a participar de diversos "grupos de cura" em Berkeley, Califórnia, mas nenhum deles me atraiu de modo especial, e temi ter de voltar para a Alemanha de mãos "vazias". Entretanto, no último fim de semana de permanência em Berkeley, participei de um curso de cura que influenciaria profundamente meu futuro. Encontrei nesse seminário uma senhora alemã que havia terminado recentemente um curso de Reiki. Fiquei impressionada com a descrição que ela fez da técnica: "Basta colocar as mãos sobre a barriga; a área toda fica quente, e a sensação é muito agradável." Apesar das palavras simples, alguma coisa nessa senhora me conven-

"O Reiki é uma dádiva extraordinária; ele me ajuda muito. Estou mais calma, minha intuição está mais aguçada e meus olhos vêem um mundo muito mais bonito. O Reiki é a 'cobertura do bolo'."
JANE

ceu de que o Reiki era muito importante e de que eu não poderia ignorá-lo; fiquei fascinada pela simplicidade da técnica e pela convicção de sua eficácia testemunhada por minha nova amiga. Senti-me irresistivelmente atraída pelo Reiki, embora não soubesse exatamente do que se tratava e não alimentasse expectativas sobre o que ele poderia fazer. Foi como se alguma coisa tivesse me "atingido".

OS PRIMEIROS PASSOS COM O REIKI

Devido à intensidade da minha sensação com relação ao Reiki, na mesma hora decidi participar de um curso antes de voltar para casa. Tive sorte, porque os dois Mestres de Reiki em San Francisco aceitaram dar-me aulas particulares do Primeiro Grau de Reiki (ver pp. 48-51) no último fim de semana em que eu ficaria nos Estados Unidos. Recebi as sintonizações de energia e aprendi as posições das mãos. Eu era enfim um canal de Reiki. Ainda um tanto insegura, comecei a pôr em prática o que havia aprendido até então. Lembro-me claramente de ter aplicado um tratamento de Reiki numa mulher no albergue onde me hospedava. Foi um momento inesquecível para mim, pois foi a primeira vez que tive uma experiência de cura como doadora num tratamento com imposição das mãos. A mulher veio a mim com uma forte dor de cabeça, mas sentiu-se melhor depois do tratamento — a dor foi desaparecendo à medida que minhas mãos esquentavam e formigavam. Eu pude efetivamente sentir a energia fluindo para ela. A Posição da Cabeça Dois (ver p. 68) foi particularmente eficaz.

No dia seguinte, retornei à Alemanha, onde, naquela época, o Reiki era praticamente desconhecido. Já me envolvera profundamente com a técnica e tratava a mim mesma (ver pp. 62-5) todos os dias. Assim fazendo, eu descia a níveis muito profundos do meu ser nos planos físico, mental, emocional e espiritual. Era a primeira vez que eu experimentava um relaxamento tão profundo. Eu "via" cores vívidas e luzes brilhantes dentro de mim mesma, mas o que mais me impressionava eram as imagens e lembranças que me punham em contato com vidas passadas. O conceito de reencarnação é uma "verdade" geralmente aceita nas religiões e culturas orientais, para as quais o corpo físico morre no fim da vida, mas a alma renasce, ou reencarna, repetidamente, em outro corpo, até alcançar a auto-realização, ou iluminação.

Eu estava radiante por ter descoberto algo que me punha em contato comigo mesma, e nos três meses seguintes tratei-me diariamente com Reiki. Também troquei tratamentos com uma amiga. Ficávamos impressionadas com nossas experiências, e nosso relacionamento se aprofundou.

O Segundo Grau

Em novembro de 1983, em Hamburgo, Mary McFadyen iniciou-me no Segundo Grau. Mary havia sido discípula de Hawayo Takata (que introduziu o Reiki no Ocidente) e viera dos Estados Unidos para Hamburgo para ensinar Reiki. Ainda lembro muito bem como me sentia doente e febril na primeira noite do seminário; na manhã seguinte, porém, todos os sintomas haviam desaparecido. Quando mencionei esse fato ao grupo, Mary comentou que essa era uma experiência bastante comum entre os aprendizes de Reiki e falou das reações ao autotratamento que podem ocorrer durante o seminário ou depois de uma sessão de Reiki. Ela explicou que a energia do corpo é potencializada pelo processo de iniciação: a freqüência vibratória do corpo é ampliada e se ajusta a essa "mudança de energia" que desencadeia o processo de limpeza (ver p. 50). Sinal de que essa iniciação funcionou, pensei.

Efeitos do Segundo Grau

Nas semanas imediatamente seguintes ao Segundo Grau, notei mais mudanças em mim. Senti o que descrevo como "explosão interior". A energia se libertou em mim. Senti-me ardente e forte. Só mais tarde ficou claro para mim que o Reiki abrira muitas portas novas em minha vida. Minha intuição e confiança aumentaram, concomitantemente à intensidade e à eficácia dos tratamentos. Alguns dos meus clientes tiveram experiências profundamente

"O Reiki me leva sempre de novo da pressão do "ter de fazer" para a alegria do ser, do não fazer, do dar naturalmente." **KARIN**

tocantes durante o tratamento, entrando em contato com antigas feridas e mágoas, que, uma vez trazidas à superfície, podiam então ser curadas.

COMO EU USAVA O REIKI

No início de uma sessão regular de Reiki, em que o praticante é o doador e o cliente é o receptor, eu costumava usar a técnica denominada *Mental Healing* (ver pp. 84-5) para trabalhar com temas emocionais mais profundos. Isso deu ao meu trabalho uma dimensão nova. Por meio do *Mental Healing* pude entrar em contato com níveis profundos do inconsciente da pessoa. Eu podia buscar a causa de um problema ou distúrbio específico e tinha também condições de relacionar-me com o supraconsciente da pessoa. Podia pedir, receber e reconhecer as soluções corretas durante os tratamentos. O cliente conseguia reviver experiências dolorosas do passado e abrandá-las de maneira amorosa. Nesse mesmo período, eu também me tratava diariamente com *Mental Healing* e trocava tratamentos regularmente com uma amiga. Sentia-me no fluxo do meu próprio processo de cura e ao mesmo tempo capaz de ajudar outras pessoas a curar-se.

Outras Áreas de Desenvolvimento Pessoal

No decorrer dos anos que se seguiram, conheci também outros métodos de cura, como massagem psíquica, Terapia Floral de Bach, aconselhamento, Terapia da Cor Aura-Soma e várias formas de trabalho energético e técnicas de meditação. A massagem psíquica, especialmente, influenciou muito minha percepção do corpo sutil e dos campos de energia das pessoas. Por meio desse método terapêutico aprendi a fazer "leituras psíquicas" dos chakras e da recepção intuitiva das imagens, emoções e impressões que moldaram a vida da pessoa. Com a ajuda da massagem, sentimentos e energias profundamente instalados são então liberados e questões não-resolvidas podem ser trabalhadas — isto é, um "assunto inacabado", por exemplo, um problema que não foi abordado e solucionado ou um sistema de crenças negativas que impede uma pessoa de viver suas reais potencialidades.

Esse tipo de terapia corporal toca níveis profundos do ser e permite que a pessoa observe aspectos ocultos de sua natureza com mais clareza. Lembro-me de uma ocasião em que, ao massagear a região lombar e as nádegas de um cliente, passei a receber fortes imagens mentais de alguém que apanhava. Pude sentir a tensão e a dor transformando-se em raiva. Quando perguntei ao cliente como se sentia, ele respondeu que se lembrava do pai surrando-o quando pequeno.

Reiki e Outras Terapias

Pouco a pouco o Reiki me pôs em contato mais profundo comigo mesma e aumentou gradualmente minha confiança. Meu trabalho terapêutico e de cura começou com o Reiki, e desde 1983 venho combinando Reiki com massagem e meditação. Sinto um grande prazer em ministrar cursos de massagem e meditação, e minha própria vida interior está mais rica e intensa.

Olhando para trás, vejo hoje que os componentes diversos do meu treinamento deram uma profundidade muito maior ao meu trabalho com o Reiki. De modo muito especial, descobri na Terapia Floral de Bach um método eficaz para a cura de condições emocionais desarmoniosas.

Os efeitos das essências florais são muito rápidos e evidentes, particularmente em animais e crianças, fato que sempre me impressiona e que prova o poder e a eficácia dessa terapia. Com freqüência recomendo a terapia floral combinada com o Reiki, se, por exemplo, uma pessoa sofre de medos profundos, depressão, esgotamento, exaustão, tensão mental, falta de confiança em si mesma, desespero, traumas e outros distúrbios emocionais graves.

Cerca de oito anos depois de minha primeira sintonização de Reiki, senti um forte impulso interior para receber o Terceiro Grau de Reiki (o Grau de Mestre) (ver pp. 58-9). Percebi então que estava preparada para esse estágio. Meus clientes também me perguntavam freqüentemente se podiam aprender Reiki comigo. Eu sempre respondia negativamente, uma vez que só se pode ensinar Reiki e sintonizar outras pessoas sendo Mestre de Reiki. Sabia que chegara a hora de iniciar o treinamento de Mestre de Reiki.

Minha Linhagem de Reiki

Em fevereiro de 1992, fui treinada como Mestre de Reiki e iniciada por Himani, que havia recebido o grau de Mestre de Mary McFadyen. Senti-me integrada à linhagem tradicional do Reiki — Usui, Hayashi, Takata, McFadyen, Himani e Tanmaya. A linhagem é importante porque a essência do Reiki, para ser poderosa, deve manter-se pura, e isso só pode acontecer se os símbolos originais e as formas originais de ensino da técnica permanecerem incontaminados e intactos. Isso, por sua vez, só é possível se a linhagem for direta desde a fonte original (ver p. 23).

Depois da iniciação como Mestra de Reiki, que recebi na Índia, voltei para a Alemanha e comecei a ensinar Reiki. A nova experiência de ensinar e iniciar outras pessoas me proporcionou muita satisfação e realização pessoal. Eu tinha consciência da missão e da responsabilidade de transmitir a "essência" do Reiki a outras pessoas.

Ensinando, também aprendi muito sobre mim mesma. Entrei em contato íntimo com minha espiritualidade e intuição. Por meio da prática intensiva de

Reiki, senti-me impregnada e fortalecida pela energia vital universal. Eu crescia com o Reiki e era imensamente feliz por poder ensiná-lo a todos os que se interessavam por ele.

A Mudança para a Inglaterra

No início de 1993, mudei-me da Alemanha para a Inglaterra, onde realizo a maioria dos cursos de treinamento desde então. Fundei a South West School of Usui Reiki Healing em março de 1995. Para mim, a Inglaterra é um país muito especial. O fundador da Terapia Floral de Bach, dr. Edward Bach, viveu aqui e foi aqui que ele preparou suas essências com flores e inflorescências de jardim e de beira de estrada. Com sua terapia, ele deu uma contribuição das mais importantes para a cura de condições emocionais desarmoniosas. Adoro também o lado místico da natureza inglesa e a zona rural — algumas pessoas ainda dizem que há fadas e espíritos da natureza nos jardins ingleses.

Desde que vim para a Inglaterra, o Reiki passou a desempenhar um papel fundamental em minha vida. As pessoas que me procuram para aprender Reiki se caracterizam por uma abertura para descobrir seus próprios poderes de cura. Muitas chegam com bastante disponibilidade e fé no processo de cura. O Reiki é então o método ou a ferramenta adequada para viabilizar esse processo. Os seminários do Primeiro Grau, de modo especial, abordam principalmente o processo de autotratamento e de descoberta do potencial de cura individual. Nos seminários do Segundo Grau entramos em níveis mais profundos, ocupando-nos com o tratamento de temas emocionais e com os procedimentos relacionados com o tratamento a distância.

O que sempre me fascina com relação ao Reiki são seus efeitos simples e diretos. O Reiki é um método de cura que, através das mãos, faz com que a energia, o calor e o amor passem para o corpo do receptor. Esse contato físico amoroso entre duas pessoas tem um efeito curativo em si mesmo. Com o Reiki acentuando esse fenômeno, o receptor então também recebe a energia de luz superior que inicia e acelera o processo de cura. Isso é que torna o Reiki único e o diferencia do "toque amoroso" e de outras técnicas de cura pelo toque.

Um Vínculo Profundo

Num tratamento de Reiki em que sou a doadora, sinto-me profundamente vinculada ao receptor, como se ambos estivéssemos imersos num oceano de silêncio e paz. Para mim o Reiki é uma forma de comunicação sem palavras. Com freqüência meus clientes comentam que depois do tratamento se sentem completamente relaxados e mais profundamente interiorizados.

O que há de mais positivo no ato de dar ou receber Reiki é que ele aproxima as pessoas. A sessão de Reiki é uma oportunidade maravilhosa para aprofundar o relacionamento com o outro. O Reiki nos abre para as outras pessoas. Ele propicia uma compreensão maior entre os seres e elimina barreiras. Conflitos familiares ou entre amigos podem ser resolvidos simplesmente dando e recebendo Reiki juntos. O Reiki torna a vida mais agradável. Além disso, toda pessoa que seja canal de Reiki contribui para a própria cura e para a cura de outras pessoas e do "todo". É importante continuar usando esse poder que une todos os seres viventes e mantê-lo fluindo.

UMA NOVA CULTURA

Atualmente, realizam-se em muitos lugares do mundo encontros regulares de Reiki; nesses encontros, canais de Reiki trocam tratamentos e comparam experiências. O Reiki está criando uma nova cultura, não apenas porque melhora nossa vida, mas também porque exerce ampla influência em toda a sociedade por meio da mudança que opera nas pessoas individualmente.

A Linhagem de Reiki de Tanmaya

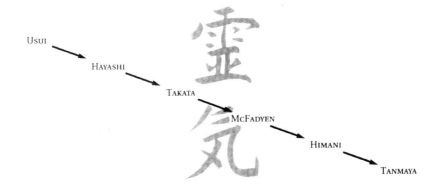

Capítulo 2
O Significado do Reiki

"O Reiki abriu um novo espaço em que posso soltar-me e relaxar totalmente."
Mark

O Reiki é um dos métodos de cura mais antigos que a humanidade conhece. Originou-se no Tibete e foi redescoberto no século XIX por um monge japonês de nome Mikao Usui. A tradição do Reiki remonta a escritos de 2500 anos atrás, em sânscrito, a antiga língua da Índia. O Sistema Usui de Cura Natural, assim denominado em homenagem ao seu descobridor, vem sendo transmitido por mestres de Reiki desde o tempo do dr. Usui, e atualmente é praticado em todo o mundo.

Como seres humanos, todos temos a energia vital universal à nossa volta e dentro de nós. A palavra japonesa *rei-ki* compõe-se de duas sílabas: *rei*, que descreve o aspecto cósmico, universal, dessa energia, e *ki*, que significa a força vital fundamental que flui e pulsa em todos os seres vivos. Essa energia vital nos é dada no nascimento. Trazemos conosco certa quantidade de *ki* para a vida, e a consumimos nas atividades do dia-a-dia. Precisamos então criar um suplemento diário de energia renovada. Quando não conseguimos repor nosso consumo de energia por um período prolongado, podemos ficar física e emocionalmente doentes. Se nossa provisão de energia vital está muito baixa e exaurida, sofremos de exaustão física, emocional e mental e tendemos a ficar muito mais irritados, mal-humorados e deprimidos do que normalmente.

Encontramos diferentes palavras para essa força fundamental nas diversas culturas e religiões do mundo. Os chineses conhecem o *ki* como *chi*, os indianos se referem a ele com a palavra *prana* e os cristãos o chamam de "luz"; em nossa moderna linguagem ocidental, usamos as expressões "bioenergia" ou "energia cósmica". Em alemão, as palavras que mais se aproximam do significado de *ki* são *Atem* (sopro) e *Leben* (vida).

O Que é o Reiki?

Reiki é um método de cura natural e simples que permite absorver mais energia vital. O método do Reiki potencializa a sua força vital e equilibra as energias do corpo. Essa energia de cura natural flui de forma vigorosa e concentrada pelas mãos do praticante de Reiki. A imposição das mãos direciona a energia de cura para o corpo do receptor. O doador de Reiki serve como canal para transmitir a energia vital universal. Assim, nenhuma energia pessoal é absorvida ou drenada do doador, que é simultaneamente recarregado e fortalecido.

Se você busca a cura e está aberto e disposto a deixar que esse poder flua em seu interior, então está em condições de tornar-se um canal para a força do Reiki. Quando você se torna um canal, a capacidade de usar o Reiki permanece com você por toda a vida. Essa é uma "verdade" que transcende toda possibilidade de comprovação segundo os critérios científicos habituais.

Sintonizações Especiais

O segredo do Reiki está nas "sintonizações de energia", também conhecidas como "transmissões" ou "iniciações". Essas sintonizações distinguem o Reiki de todos os demais métodos de cura. O aspecto peculiar a essas sintonizações especiais é que elas o capacitam a deixar que a energia vital flua através de você mais intensamente. Você recebe uma ou mais sintonizações, dependendo do grau de Reiki em que é treinado.

As sintonizações são transmissões de energia que abrem o canal de cura interior, permitindo que uma quantidade maior de energia vital universal passe por você. Uma espécie de limpeza acontece em cada sintonização, nos níveis físico, emocional, mental e espiritual. As sintonizações dissolvem os bloqueios, liberando toxinas.

Quando isso acontece, você pode ter reações de cura de si mesmo. Essas reações são um bom sinal e mostram que o corpo precisa antes ajustar-se às vibrações superiores da energia vital com que você está entrando em contato (ver pp. 40-2). Os sintomas que aparecem fazem parte do processo de cura de si mesmo (ver também p. 50).

REI – *a energia universal, cósmica*

Os símbolos do Reiki

A palavra japonesa rei-ki compõe-se de duas sílabas: *rei, que descreve o aspecto universal, cósmico dessa energia, e ki, que significa a força vital fundamental que flui e pulsa em todos os seres vivos.*

KI – *a força vital fundamental*

"Tive uma sensação muito profunda de calma e paz. Senti que havia entrado num lugar especial dentro de mim e tive certeza de que o Reiki era um acréscimo muito bem-vindo à minha compreensão da vida."
MIKE

A CURA DE SI MESMO

É importante ter consciência de que a cura de si mesmo é o primeiro passo crucial para ser um canal de Reiki. Só assumindo a responsabilidade da própria cura é que você estará em condição de apoiar outras pessoas no processo de cura que elas desenvolvem. O autotratamento o deixa mais relaxado, reduzindo o *stress* e aumentando a resistência às doenças. Num nível mais amplo, o Reiki traz harmonia e bem-estar à sua vida.

O QUE O REIKI FAZ?

O Reiki normalmente favorece todos os tipos de cura e alivia dores e sintomas agudos muito rapidamente. Também tem influência positiva sobre o crescimento espiritual. Depois de um tratamento, a mente fica mais ágil e clara, intuindo soluções para questões e problemas que você esteja enfrentando. O Reiki pode ajudá-lo a fazer as mudanças corretas e tomar decisões acertadas em sua vida, se for isso que você precisa ou quer realizar.

O Reiki afeta cada pessoa de modo diferente, mas sempre age sobre os pontos de maior necessidade do receptor. Entretanto, há efeitos comuns sentidos por todas as pessoas indistintamente. A energia consumida na vida diária é reposta, de modo que, quando você se sente exausto ou exaurido, o desequilíbrio decorrente dessa situação, que geralmente o afeta de forma negativa física, emocional e mentalmente, pode ser corrigido.

Se você sofre de *stress*, suas reações podem manifestar-se em sintomas físicos como dores de cabeça e de estômago, resfriados freqüentes, dores nos rins e distúrbios digestivos em geral. Esses sintomas são expressão do *stress* negativo excessivo, acompanhado por um desequilíbrio do sistema energético. Você elimina esses sintomas recompondo sua energia. Exemplo disso é um sistema imunológico debilitado ou um órgão enfraquecido com funcionamento inadequado que precisa ser recarregado com energia extra. O Reiki pode reequilibrar as energias do corpo, ajudando-o a soltar-se e a relaxar, reduzindo assim o *stress*. Ao mesmo tempo, promove o desenvolvimento de reações positivas a situações estressantes.

Em outras palavras, não apenas os sintomas, mas também as causas podem ser curadas.

O Reiki fortalece e harmoniza o sistema imunológico. Esgotamos continuamente a energia vital sem repô-la. O Reiki ajuda a restabelecer a energia e, desse modo, contribui para a manutenção de um corpo saudável.

"Não importa o que aconteça, sinto que a energia está sempre aí para ser absorvida. Para mim, Reiki significa paz, como uma bica que jorra continuamente."

Zoe

Como o Reiki Afeta as Emoções

Quando você recebe um tratamento ou participa de um seminário de Reiki, suas emoções podem ser profundamente afetadas. Bloqueios emocionais são freqüentemente liberados, e você entra em contato íntimo com sentimentos que pode ter reprimido no passado — talvez tristeza ou raiva. É importante aceitar esses sentimentos "negativos". Eles são energias que se transformam em forças criativas logo que você os aceita como seus e lhes dá atenção e expressão.

O Reiki proporciona uma consciência emocional e mental maior dos processos internos. Durante um tratamento de Reiki, a mente e o processo do pensamento relaxam. Em geral, você se sente mais lúcido, podendo detectar e dissolver crenças negativas, a respeito de si mesmo e de outras pessoas, com que vem se debatendo há muitos anos.

O Reiki o ampara em seu crescimento espiritual. As pessoas que se abrem ao Reiki e o praticam podem chegar a conhecer-se melhor e desenvolver uma

consciência, intuição e percepção mais aguçadas. A experiência mais freqüente durante um tratamento é a sensação de paz, relaxamento e segurança.

O REIKI É SEMPRE SEGURO?

O objetivo do Reiki é fornecer ao corpo energia extra que ele pode usar para curar a si mesmo. O Reiki pode ser usado com segurança, seja qual for a doença que afeta o receptor, desde que este tenha sempre o acompanhamento de um médico especialista. O Reiki não faz diagnósticos e deve ser usado como um método complementar de cura. No caso de distúrbios agudos, como inflamações, gripes, resfriados, desordens digestivas, pedras na vesícula ou nos rins, dores nas costas ou de cabeça, ele geralmente age muito rápida e diretamente, aliviando a dor e acelerando a cura.

O Reiki também pode ser aplicado diretamente como primeiros socorros (ver pp. 98-9), porque estanca o sangramento de feridas abertas e acalma o sistema nervoso, especialmente nos casos de estado de choque depois de um acidente. Com o Reiki podem-se ainda aliviar alergias em geral, acessos de artrite e manifestações de outras doenças crônicas.

Como o Reiki reforça e complementa técnicas da medicina convencional e da medicina naturalista, você pode combiná-lo com outros tratamentos, como por exemplo tratamentos alopáticos ou homeopáticos, terapias corporais, aconselhamento, terapia da fala e outras terapias psicológicas (ver também p. 109). Um praticante reikiano fica carregado de energia e se torna um canal para a energia vital universal. O Reiki é uma dádiva do universo à disposição de todos nós.

Os Efeitos do Reiki

Em resumo, o Reiki é totalmente abrangente em seus efeitos. Abarca o corpo, a mente e a alma e procura pôr esses componentes do ser num equilíbrio harmonioso. Durante o tratamento de Reiki, sua energia pessoal, como doador, não passa ao receptor; você é apenas um canal. Na hipótese de não ter recebido as sintonizações de Reiki, se você impuser as mãos sobre alguém, a energia passará mesmo assim, mas numa intensidade muito menor do que se você tivesse sido sintonizado. Isso acontece porque o Reiki é uma força vibratória, ou energia de luz, muito poderosa.

Em sua passagem através de você como doador, durante um tratamento, a energia vital universal o fortalece e harmoniza. Você pode ainda sentir o Reiki como uma força que o põe em contato mais íntimo consigo mesmo, abrindo-o e tornando-o mais amoroso para consigo e para com as outras pessoas. Essa é uma força unificadora que o aproxima de uma condição de unicidade e de ligação com o "todo".

O Que o Reiki Faz?

O Reiki passa do doador (o canal de Reiki) para o receptor, trabalhando em diferentes níveis. Põe em equilíbrio harmonioso todos os aspectos do ser do receptor, de acordo com suas necessidades e desejos pessoais.

equilibra os órgãos e glândulas e suas funções corporais

libera bloqueios e emoções reprimidas

promove a cura natural do ser

adapta-se às necessidades naturais do receptor

O Significado do Reiki

equilibra as energias do corpo

amplia a consciência pessoal
e facilita os estados meditativos

relaxa e reduz o stress

estimula a criatividade

potencializa a energia vital

aguça a intuição

trata os sintomas e as
causas das doenças

cura holisticamente

fortalece o sistema
imunológico

alivia a dor

libera toxinas

Os Chakras e o Sistema Endócrino

No tratamento de Reiki, as posições das mãos (ver Capítulo 5, pp. 60-83) correspondem ao sistema de glândulas endócrinas do corpo e aos sete chakras principais. O sistema endócrino regula o equilíbrio hormonal e o metabolismo. No nível energético, as glândulas endócrinas correspondem aos sete chakras principais, ou centros de energia.

A palavra *chakra* deriva do sânscrito e significa "roda". O clarividente pode ver os chakras como espirais de energia rodopiante ou cálices coloridos de luz que diferem em tamanho e atividade de uma pessoa para outra. Nossos sete chakras principais localizam-se no corpo etérico. Eles estão ligados a canais sutis de energia que percorrem a espinha. Sem eles o corpo físico não existiria. Esses centros recolhem energia sutil, transformam-na e a fornecem ao corpo. Cada chakra está ligado a determinado órgão e região do corpo, influenciando-o em sua função (ver diagrama pp. 90-1).

Os hormônios produzidos pelas glândulas fluem diretamente para a corrente sangüínea ou para os vasos sangüíneos dos órgãos, levando energia vital ao corpo. O sistema endócrino fornece energia aos chakras e ao mesmo tempo devolve as energias sutis dos chakras ao corpo. O Reiki opera através da inter-relação entre os chakras e as glândulas endócrinas e, desse modo, envolve os planos físico, energético e mental no processo de cura (ver também pp. 88-9).

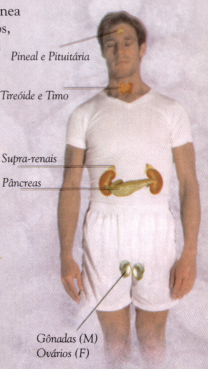

O Sistema Endócrino

- Pineal e Pituitária
- Tireóide e Timo
- Supra-renais
- Pâncreas
- Gônadas (M) Ovários (F)

> "Os vórtices dos chakras expressam a força vital no nível energético; as glândulas endócrinas expressam essa mesma energia no nível físico…"
>
> Chris Griscom
> *The Ageless Body*

O Sistema de Chakras

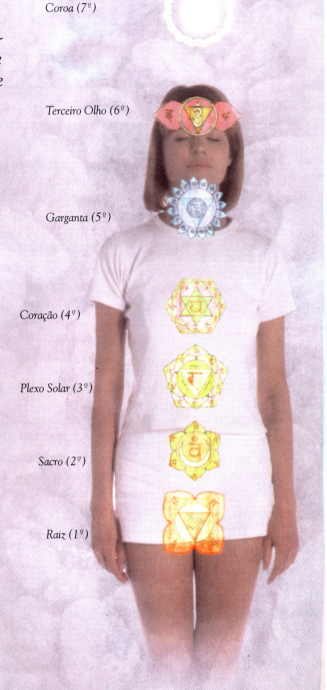

"A idade que você aparenta e sente está diretamente relacionada com a fonte de energia dos chakras. Se quiser ter um "Corpo sem Idade", você precisa querer a energia em seu corpo por meio da concentração nas glândulas endócrinas."
Chris Griscom
The Ageless Body

Coroa (7º)

Terceiro Olho (6º)

Garganta (5º)

Coração (4º)

Plexo Solar (3º)

Sacro (2º)

Raiz (1º)

CAPÍTULO 3

A História do Reiki

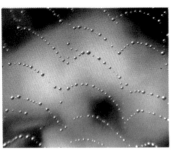

"O Reiki suavizou minha visão da vida. Ele me fez compreender que coisas desconhecidas são reais e importantes."

CLAIRE

A história do Sistema Usui de Reiki tem sido até hoje transmitida pessoalmente de Mestre para aluno. Eu gostaria de apresentar uma síntese dessa história.

O dr. Mikao Usui, o fundador do Reiki, viveu no final do século XIX. Ele era sacerdote cristão e diretor de uma pequena universidade em Quioto, no Japão. Certo dia, alguns alunos veteranos lhe perguntaram se ele acreditava nos milagres de cura de Cristo e se ele era capaz de demonstrar essas curas. O dr. Usui não teve resposta para pergunta tão profunda, mas o incidente produziu grandes mudanças em sua vida. Ele renunciou ao cargo que ocupava e iniciou uma minuciosa pesquisa dos métodos de cura usados por Cristo. Nessa pesquisa, ele deparou com um material nas escrituras budistas que o interessou sobremaneira.

Buda, um mestre iluminado que viveu por volta do ano 600 a.C., viajou como monge por regiões distantes da Índia, ensinando meditação como meio de alcançar a auto-realização. Depois de sua morte, a maioria dos seus seguidores foi expulsa do país. Na fuga, eles foram espalhando os ensinamentos de Buda pelo Tibete, Nepal, Japão, China e outras regiões longínquas da Ásia. Atualmente o budismo é amplamente difundido nos países orientais.

Usui sabia que Buda também tinha o poder de curar e, assim, procurou informações específicas sobre os métodos usados por Buda. Em sua busca de conhecimento, Usui aprendeu a antiga língua da Índia, o sânscrito, e estudou as escrituras budistas originais. Numa dessas escrituras, ele encontrou os símbolos e os mantras que são a chave do sistema de cura Reiki. Na época, porém, Usui não sabia como usar os caracteres pictóricos e os nomes para realizar a cura.

Durante seus anos de estudo, Usui passou longo tempo num mosteiro budista, onde fez amizade com o abade. Por sugestão do abade, Usui iniciou um período de meditação e jejum de 21 dias, numa montanha sagrada perto de Quioto. No último dia de jejum, ele teve uma experiência de meditação profunda. Viu

"A cura de que eu tanto precisava começava a acontecer. Finalmente, algo se abrira e clareara dentro de mim." **DEBBIE**

no céu uma luz brilhante que se deslocava rapidamente em sua direção. A luz o atingiu no meio da testa (o terceiro olho/sexto chakra), e ele entrou num estado de consciência expandida. Nesse estado alterado de consciência, Usui viu à sua frente muitas bolhas minúsculas de luz nas cores do arco-íris. Finalmente, uma grande luz branca apareceu; nela, como se fosse numa tela de cinema, ele identificou os símbolos que conhecia dos sutras sânscritos, reluzindo em dourado. Simultaneamente, compreendeu como devia aplicar os símbolos e mantras e se sentiu carregado de uma poderosa força de cura. Terminada essa incrível e iluminadora experiência de cura, Usui começou a descer a montanha sagrada. Na pressa, ele bateu e feriu seriamente um dedo do pé, que começou a latejar e sangrar. Quando envolveu o pé com as mãos, porém, o sangue estancou imediatamente e a dor desapareceu. Essa foi sua primeira experiência com a extraordinária e rápida energia de cura do Reiki.

Depois de passar algumas semanas no mosteiro de seu amigo, Usui resolveu ir para as favelas de Quioto para curar os doentes. Desenvolveu ali suas atividades durante sete anos, quando então se deu conta de que, apesar de ter eliminado sintomas e doenças do corpo físico, não havia ensinado um novo

modo de viver. Essa constatação o levou a definir as regras do Reiki para a vida (ver p. 39). Embora tenham sido estabelecidos há mais de cem anos, esses princípios são válidos ainda hoje.

Usui percebeu que, embora muitos mendigos que ele tratara tivessem se tornado mais saudáveis graças ao Reiki, eles não haviam se reintegrado à sociedade e eram incapazes de cumprir suas responsabilidades. Ele compreendeu que o desejo do paciente de ser saudável é de fundamental importância no processo de cura. O doente precisa pedir a cura e tem de querê-la realmente. Usui havia oferecido seus serviços de graça nos cortiços; agora, porém, ele via que era essencial que as pessoas, ao receber a cura, dessem algo em troca. A troca de energia entre doador e receptor é vital. Baseado em sua experiência em Quioto, Usui decidiu então viajar com o objetivo de aplicar e ensinar Reiki; ele achava que, assim fazendo, o modo de pensar das pessoas também mudaria. Uma nova fase teve início na vida do dr. Usui.

Alguns anos antes de sua morte, o dr. Usui iniciou no método do Reiki e nomeou seu sucessor um oficial naval aposentado, o dr. Chijiro Hayashi. O dr. Hayashi abriu uma clínica particular de Reiki em Tóquio. Ali, praticantes eram iniciados e pacientes eram tratados. Os praticantes de Reiki trabalhavam em grupos, dia e noite, e também faziam visitas domiciliares. Hayashi deixou documentos e relatórios que mostram que o Reiki chega à causa dos sintomas físicos, fornecendo ao corpo a energia necessária e restituindo-lhe a plenitude.

Hawayo Takata era uma senhora japonesa que morava no Havaí e sofria de vários problemas de saúde, inclusive um tumor. Seguindo a intuição, ela preferiu procurar tratamento no Japão em vez de submeter-se a uma cirurgia. Por pura coincidência, ouviu falar da clínica de Reiki, e passou a freqüentá-la para tratar-se. Depois de vários meses de tratamento, ela ficou completamente curada de suas doenças. Takata tornou-se aluna de Hayashi e trabalhou com ele durante um ano. Depois disso, voltou ao Havaí, onde se dedicou ao Reiki com sucesso.

Em 1938, ela foi iniciada pelo dr. Hayashi como Mestra do sistema Usui. Depois da morte de Hayashi, em 1941, Takata se tornou sua sucessora. Ela curou e ensinou durante muitos anos e, pelo que se sabe, foi a única Mestra de Reiki até 1976. Nos últimos anos antes de sua morte, ela começou a treinar alguns de seus alunos como Mestres de Reiki. Quando faleceu, em 1980, Takata havia iniciado 22 Mestres, entre os quais sua neta, Phyllis Lei Furumoto, reconhecida Grã-Mestra de Reiki pela Reiki Alliance em 1983.

A arte de cura do Reiki ficou conhecida no mundo ocidental através de Takata e dos professores de Reiki iniciados por Furumoto. Atualmente, o Reiki é praticado em todos os países do mundo, já contando com vários milhares de Mestres. Sua difusão acontece especialmente na Espanha, Alemanha, Suíça, Inglaterra, Suécia, França, Itália, Estados Unidos, Canadá, Nova Zelândia, Austrália e nos países da América do Sul; a Ásia e a África estão começando a descobrir o Reiki. Não dispomos de informações mais precisas, uma vez que o Reiki está se difundindo muito rapidamente. Durante a Segunda Guerra Mundial, a clínica do dr. Hayashi foi destruída, e o Reiki desapareceu do Japão. Atualmente, graças aos Mestres ocidentais, essa arte de cura está retornando ao seu país de origem.

Existem atualmente várias orientações e uma grande diversidade nesse método de cura. Alguns Mestres se associaram a organizações, enquanto outros trabalham individualmente como professores e Mestres de Reiki independentes. O sistema tradicional ainda existe, representando a forma e o conteúdo do ensinamento segundo a linhagem original de Usui, Hayashi, Takata e Furumoto. Nesse sistema encontramos também os símbolos e mantras originais e o ritual de iniciação tradicional. Além dele existem "ramos" do Reiki desenvolvidos recentemente que usam a mesma energia universal para a cura, mas que diferem na forma e no conteúdo do ensinamento, nos rituais de iniciação e nos símbolos adotados.

Os Princípios do Reiki

Estas são duas versões dos Princípios do Reiki. A versão à direita consta do livro de B. Müller e H. Günther, A Complete Book of Reiki Healing. Ela é enunciada de forma mais moderna, mais positiva, do que a versão original, abaixo, extraída do diário da sra. Takata.

"Apenas por hoje, seja livre e feliz.
Apenas por hoje, seja alegre.
Apenas por hoje, saiba que
alguém zela por você.
Viva conscientemente o momento.
Enumere suas bênçãos com gratidão.
Respeite seus pais, seus professores
e as pessoas idosas.
Ganhe a vida honestamente.
Ame o próximo como a si mesmo.
Demonstre gratidão a todos os seres vivos."

"Apenas por hoje — não se irrite.
Apenas por hoje — não se preocupe.
Seja grato pelas inúmeras bênçãos recebidas.
Ganhe a vida com trabalho honesto.
Seja bondoso com o próximo."

CAPÍTULO 4

Os Graus de Reiki

"O Primeiro Grau deu-me enorme confiança, e um lugar no mundo que eu ainda não conhecia."
DON

Se você é uma pessoa saudável, o Reiki serve para relaxar, reduzir o *stress* e recuperar a energia pessoal. Se você não está bem, ou se está com algum problema, seja no plano físico, mental, emocional ou espiritual, o Reiki pode ser a chave que lhe permite assumir a responsabilidade por sua própria cura. Quando usa o Reiki pela primeira vez, você se abre para seus próprios poderes de cura e se dispõe a aceitar a doença ou o problema e a compreender a mensagem que eles lhe transmitem. O Reiki também o ajuda a ter coragem para mudar as coisas de sua vida que você gostaria de mudar. Ele lhe dá mais poder e energia para agir e pensar com responsabilidade em sua vida. Pergunte a si mesmo: "Que antigos hábitos eu gostaria de quebrar?" O Reiki pode mudar sua vida. Ele pode ajudá-lo a descobrir aspectos sutis de si mesmo e a aguçar a percepção. Ele acelerará seu processo de cura física, mental e emocional e o sustentará em seu desenvolvimento espiritual.

Ao aplicar ou receber um tratamento de Reiki, você toca em algo profundo dentro de si, algo a que se poderia chamar de "ser mais recôndito". O Reiki é realmente uma expressão de amor por si mesmo e pelos outros e, em sintonia com o coração, ele proporciona a cura. Além disso, com o Reiki, a intuição fica mais apurada. Você tem acesso ao potencial que está latente em você. Todos podemos curar a nós mesmos, e o Reiki é um extraordinário "instrumento" criativo que nos abre as portas para essa capacidade.

Os Símbolos do Reiki

Em épocas remotas, monges tibetanos descobriram que podemos fazer "vibrar" nossos canais de cura para transferir mais energia. Os símbolos e mantras que eles criaram são hoje usados no Reiki para fazer esses canais vibrarem e para aumentar a freqüência vibratória de todo o corpo.

Um símbolo compreende um desenho pictórico e um nome, também conhecido como "mantra". O desenho é a representação visual do símbolo, enquanto o nome nos possibilita ouvir seu som e sentir sua vibração. No Reiki, o mantra é repetido "interiormente", e não em voz alta; trabalhamos silenciosamente num comprimento de onda de pensamento para criar vibração. Conceitualmente, esse processo é semelhante à telepatia.

O som, como a música, é pura vibração que põe alguma coisa em movimento. A música pode influenciá-lo em diferentes níveis do ser. Você pode gostar de alguns tipos de música e rejeitar outros. Os chakras, ou centros de energia, recebem essas vibrações. A música clássica, por exemplo, é em geral suave e toca o chakra do coração. A música popular, via de regra, é mais estridente e pode estimular os chakras da raiz (primeiro) e sacro (segundo). Essa música parece querer mexer com o corpo. Ela atrai certos tipos de pessoa e respalda um determinado estilo de vida. Outros tipos de música, como a da cítara, por exemplo, estimulam os chakras superiores, como o do terceiro olho (sexto). Cantos religiosos e a entoação de mantras também abrem os chakras superiores e estimulam experiências de meditação.

UMA VIBRAÇÃO SUPERIOR

Sons e mantras têm a capacidade de fazer vibrar determinados chakras, dependendo do nível vibratório (ou ressonância) do mantra e do chakra. Pela repetição de um mantra (*Om*, por exemplo), você pode ativar os centros de energia superiores.

No processo de sintonização do Primeiro, Segundo e Terceiro Graus, o Mestre de Reiki usa símbolos e mantras para criar uma vibração semelhante, embora muito superior, à da música, e para canalizar a energia vital universal. É de fundamental importância que todas as pessoas envolvidas com o Reiki saibam que os símbolos e seus mantras são sigilosos e devem ser transmitidos unicamente aos alunos do Segundo e Terceiro Graus. Por isso eles não estão publicados neste livro. Podemos dizer, no entanto, que o primeiro símbolo ativa a energia que está disponível de forma geral. Ele é usado sempre que há falta de energia, como por exemplo num tratamento do corpo.

O segundo símbolo acrescenta qualidades de harmonia, paz e equilíbrio ao corpo etérico (sistema de chakras) e é usado especialmente para o *Mental*

"Durante e depois da sintonização, senti um intenso fluxo de energia no chakra do coração; também me senti muito vulnerável. Acho que estou mais suave e procuro não julgar tanto..."
HELENE

Healing (ver pp. 84-5). O terceiro símbolo age no nível mental. Ele abre a intuição e potencializa a capacidade de "ver". Esse símbolo está relacionado com o chakra do terceiro olho (sexto) e é usado no Tratamento a Distância, quando energia e pensamentos são enviados a pessoas fisicamente ausentes.

O quarto símbolo, ou símbolo do Mestre, fortalece a capacidade de abrir-se para energias mais elevadas e de tornar-se um canal amplo para elas. A vibração desse símbolo é muito forte e é empregada pelo Mestre para canalizar energias superiores durante as sintonizações. O símbolo também pode ser usado para desenvolvimento pessoal e para meditação.

> *"Foi como ser religada à fonte,*
> *e eu me senti mais completa.*
> *Houve uma tremenda sensação*
> *de alívio…"*
> HELENE

COMO O PRATICANTE VIVENCIA A SINTONIZAÇÃO

Cada pessoa sente o Reiki à sua maneira.

Cada uma se aproxima dele com seu próprio passado e pode viver a experiência da sintonização de modo diferente de outras. Para algumas é como uma ignição inicial. A energia é ativada suave, mas vigorosamente, e o corpo é estimulado a "vibrar".

A sintonização começa no ponto que você alcançou em seu desenvolvimento espiritual; assim, a quantidade de energia que você absorve e integra depende do seu desenvolvimento. Se tiver experiência em assuntos esotéricos, você sentirá a transmissão da vibração e ficará energeticamente carregado com uma freqüência correspondentemente superior. Isso ficará com você para sempre.

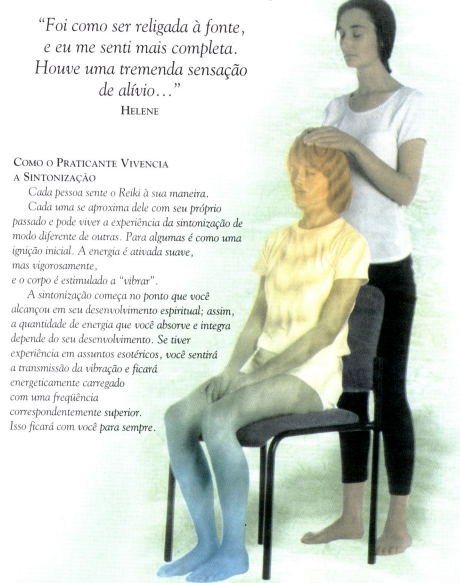

"O Reiki é uma dádiva maravilhosa para os outros e para mim mesmo. As sintonizações de energia abriram novas portas e produziram uma mudança extraordinária em minha vida em vários níveis."
GEORGE

A IMPORTÂNCIA DA SINTONIZAÇÃO

Para tornar-se canal de Reiki, a primeira coisa a fazer é entrar em sintonia com o poder do Reiki. Sintonizar-se significa religar-se e entrar em contato com a energia vital universal. A sintonização é a chave especial do sistema Reiki, fazendo dele um método de cura peculiar, inteiramente diferente de todas as demais técnicas de cura por imposição das mãos. A sintonização também é comumente chamada de "transmissão de energia" e "iniciação".

Adotando uma antiga técnica tibetana, o Mestre de Reiki transmite energia aos alunos. Essas sintonizações abrem o canal interior de cura. O processo de sintonização geralmente assume a forma de uma cerimônia simples em que o Mestre sintoniza cada pessoa individualmente com o método de cura do Reiki. O Mestre usa os símbolos e mantras secretos do Reiki (ver teoria, pp. 40-2) para aumentar o fluxo de energia para o aluno.

A energia entra no corpo pelo topo da cabeça e flui através dos centros de energia conhecidos como chakras. Ela desce pelos braços e sai do corpo através das mãos, ficando à disposição para ser usada em sua própria cura e na cura de outras pessoas.

Percepções Comuns

Embora as pessoas vivenciem o processo de sintonização de modos diferentes, à sua própria maneira, algumas percepções são comuns a todas. Por exemplo, muitos alunos experimentam um fluxo mais forte de energia que em geral se manifesta como uma onda muito agradável e uma sensação de calor que percorre todo o corpo. Outros visualizam interiormente uma luz branca brilhante ou toda uma variedade de cores vívidas.

Alguns iniciados em Reiki têm a experiência de um encontro emocional e espiritual profundo consigo mesmos. Abre-se um espaço de paz, quietude e meditação que envolve Mestre e aluno.

Abrindo o Canal

O que quer que você possa sentir durante o processo de sintonização — e mesmo que não sinta nada — seu canal interior de cura é aberto. Para aqueles que estão abertos para o Reiki, esse processo é automático. Você não precisa "fazê-lo" acontecer. Entretanto, quanto mais presente você estiver durante o processo de sintonização e quanto mais se entregar a ele, mais energia você absorverá. Depois de tornar-se canal de Reiki, você conservará essa capacidade pelo resto da vida. Mesmo depois de uma interrupção de vários anos, você pode voltar a usar o poder do Reiki assim que desejar.

Usando o Canal

Depois da iniciação, você terá a capacidade de ligar-se ao poder do Reiki no momento que quiser; é importante, no entanto, usar esse canal de cura com a maior freqüência possível. Imagine um cano por onde corre água limpa e pura regularmente. Se esse cano for usado só de vez em quando, impurezas se acumularão e impedirão o fluxo da água, que também será menos pura. É isso que pode acontecer com seu canal de cura. Quanto mais você o usar, com mais facilidade e força a energia do Reiki passará por ele. Depois de receber a sintonização do Primeiro Grau, procure tratar-se diariamente por um período mínimo de três semanas a três meses. Depois disso, trate-se com a freqüência que julgar conveniente.

EXERCÍCIO DE
RESPIRAÇÃO DE REIKI

Para ter uma pequena "amostra" do Reiki antes de comprometer-se com a sintonização, faça o exercício a seguir. Ele surtirá os mesmos efeitos relaxantes do Reiki, mas sem a força e o impacto propiciados pela energia vital universal por meio da sintonização.

"Sinto que o Reiki me recupera se estou cansado ou angustiado. Além disso, minha intuição fica bem mais aguçada."

JIM

3. Agora, consciente e repetidamente, dirija a respiração para esse ponto. Imagine que sua respiração é a energia vital universal que flui através de você. Deixe-a acumular-se e expandir-se sob suas mãos. Perceba uma sensação de relaxamento e paz distribuindo-se gradualmente desse ponto para todo o corpo.

2. Agora coloque as mãos na parte do corpo que atrai sua atenção ou que você sente tensa. Localize intuitivamente o ponto que mais precisa de relaxamento.

1. Sente-se ou deite-se de costas; relaxe e feche os olhos. Preste atenção à respiração e acompanhe seu ritmo. Sinta o ar entrando e saindo pelas narinas.

4. Passados poucos minutos (cinco, aproximadamente), coloque as mãos em outra parte do corpo. Novamente, dirija a respiração para as mãos durante todo o exercício; em outras palavras, respire com as mãos. Talvez você perceba que a respiração se altera em algumas posições, uma vez que o corpo guarda lembranças e experiências que agora podem ser despertadas. Não é preciso sondar sentimentos conscientemente ou respirar com mais vigor. Apenas entregue-se e mergulhe nessa sensação de fluidez.

5. Desloque as mãos para outros dois pontos do corpo e carregue-os com energia.

6. Abra os olhos lentamente, espreguice e volte ao estado de vigília normal. Você se sentirá mais relaxado, calmo e centrado.

O Primeiro Grau

Tradicionalmente, o treinamento nos métodos do Reiki se distribui em três graus, cada um independente dos outros e completo em si mesmo. O critério para passar de um grau para o seguinte é seu próprio nível de experiência pessoal e crescimento interior. Não há condições ou equipamentos especiais exigidos para aprender e praticar essa arte, mas as pessoas abertas ao Reiki tendem a estar disponíveis e a ser naturalmente capazes de recebê-lo. Pessoas de qualquer idade (inclusive crianças) podem adquirir a habilidade do Reiki. É bastante comum famílias inteiras aprenderem. Entre amigos, ou numa família, o Reiki é uma justificativa muito positiva para que as pessoas fiquem algum tempo juntas, numa atmosfera calorosa e segura.

O Primeiro Grau de Reiki é um curso básico geralmente oferecido num seminário de fim de semana. Durante dois dias, você aprende um pouco da história do Reiki e as posições das mãos para tratamento.

Sintonizações

Cada participante do Primeiro Grau recebe quatro sintonizações, também chamadas de "transmissões de energia", durante as quais recebe uma transferência ou reativação da energia vital universal. As sintonizações ajustam as vibrações do aluno à vibração superior da energia Reiki, de modo que mais energia pode fluir através do corpo.

As sintonizações aumentam a freqüência vibratória dos quatro chakras superiores — o quarto (coração), o quinto (garganta), o sexto (terceiro olho) e o sétimo (coroa) chakras. As sintonizações do Primeiro Grau abrem principalmente o corpo físico, para que você possa receber mais energia vital universal e deixar que um volume maior dessa energia flua através de você.

Durante o seminário de fim de semana, o Mestre de Reiki faz sintonizações individuais e ensina as posições das mãos para tratar o corpo inteiro. Além disso, ele explica como cada posição afeta determinados órgãos e partes do corpo. O aluno aprende também posições das mãos para doenças específicas e para primeiros socorros (ver pp. 98-9).

"Eu me senti muito bem; a energia da sintonização, em toda a sua intensidade, me acompanhou durante três semanas, pelo menos. Sinto que o Reiki está fortalecendo tudo. Ele abriu minha intuição num nível mais profundo."

Sandra

Depois do Primeiro Grau

Depois das sintonizações do Primeiro Grau, a energia do Reiki flui através de suas mãos, e você pode agora aplicar Reiki em si mesmo e em outras pessoas. Você pode sentir o calor de cura irradiando-se de suas mãos, que podem

"O processo que me transformou num canal de Reiki me abriu os olhos — especialmente o Primeiro Grau."
Hannah

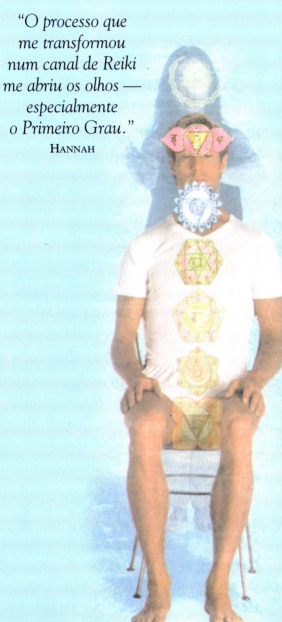

Coroa (7º)

Terceiro Olho (6º)

Garganta (5º)

Coração (4º)

O Processo de Sintonização
Durante o processo conhecido como sintonização, a energia vital universal é transferida e ativada por meio de quatro sintonizações ou "transmissões de energia".

revelar também uma sensação de formigamento ou pulsação. A energia vital universal sempre flui de acordo com as necessidades do receptor, que absorve apenas a quantidade de energia que precisa. Durante os tratamentos que aplica, você sente claramente que é um canal: nenhuma energia lhe é tirada; ao contrário, ela passa através de você. Além disso, depois de uma aplicação de Reiki, em geral você se sente recarregado e revigorado.

REAÇÕES À CURA DE SI MESMO E À LIMPEZA

Talvez você se dê conta de que desenvolve certos sintomas físicos durante o seminário de fim de semana e nos dias subseqüentes à sintonização. Essas reações são um bom sinal porque mostram que o processo de cura está ativo dentro de você. Como na homeopatia, uma crise sobrevém para que a energia tóxica seja totalmente eliminada do corpo (ver abaixo). É recomendável tomar bastante água durante o seminário para facilitar esse processo de limpeza.

Cada sintonização desencadeia uma forma de limpeza, uma vez que o sistema de energia precisa antes de mais nada ajustar-se à vibração mais elevada. Se houver algum bloqueio — físico, mental, emocional ou espiritual — o Reiki trará para fora o que está oculto sob a superfície para proporcionar cura e equilíbrio. Se você sente que experiências reprimidas estão aflorando, esse é o momento certo para reconhecê-las e lidar com elas, embora isso nem sempre seja conveniente. Você pode surpreender-se diante de sentimentos que esteve refreando ou sentir um grande cansaço físico. O contrário também ocorre: você pode sentir-se totalmente revitalizado e bem mais animado que habitualmente. Algumas pessoas sentem-se invadidas por uma sensação de frio que se dissipa em poucas horas. Outras sentem dor ou formigamento na cabeça. Essas reações tendem a desaparecer durante o seminário, em geral em poucas horas ou depois de um dia, no máximo. As reações fortes mostram que o processo de cura está em andamento.

TRATAMENTO DIÁRIO

É uma boa idéia trabalhar consigo mesmo durante algum tempo depois do seminário do Primeiro Grau. O autotratamento diário fortalece a saúde e recarrega a energia vital a cada sessão. Além disso, as experiências individuais

"O Reiki ajudou-me a seguir meu novo caminho, dando-me energia e percepção renovada e ajudando-me a deixar de lado modos de ser antigos e pouco saudáveis."

SAM

relacionadas com o Reiki são muito úteis para compreender melhor as reações das outras pessoas. Seu objetivo principal deve ser amar e curar a si mesmo, porque você só pode dar aos outros aquilo que você está preparado para dar a si mesmo.

"Sinto-me privilegiada por ter recebido esta dádiva e por poder partilhar a experiência do Reiki com outras pessoas, dando e recebendo."

HELENE

Quanto mais freqüentemente você usar o Reiki, mais forte será o fluxo de energia dentro de você. Basta criar o hábito de aplicar-se Reiki em determinados momentos do dia. Por exemplo, de manhã, ao levantar, reserve vinte ou trinta minutos para tratar a cabeça (ver pp. 62-3) e a parte da frente do corpo (ver p. 64) ou coloque as mãos nas partes do corpo que você sente que precisam de mais atenção. Durante o dia, em momentos ociosos, como quando você está ao telefone, assistindo à televisão, esperando alguma coisa ou viajando, o Reiki terá um efeito benéfico e o renovará. À tarde, se estiver cansado e precisar de um pequeno descanso, trate o plexo solar (terceiro chakra) com o "Energizador Rápido" (ver p. 52). Se for difícil conciliar o sono, um tratamento de Reiki à noite pode ser a solução (ver p. 53).

Mesmo não tendo recebido a sintonização de Reiki, você pode usar as posições do "Energizador Rápido" e do "Auxílio ao Sono", que propiciam energia benéfica, embora mais fraca. Se você for um canal de Reiki, seu nível de energia será carregado com uma vibração mais elevada.

UMA PALAVRA DE ADVERTÊNCIA

Os conteúdos e as técnicas do seminário do Primeiro Grau são completos e lhe dão condições de tratar a si mesmo e a outras pessoas. Mas é importante ter consciência de que o Reiki não substitui o tratamento médico nem a medicação convencional. No entanto, ele reforçará qualquer forma de terapia e o processo de cura natural. Assim, o Reiki é ideal para complementar o trabalho de enfermeiros, médicos, parteiras, acompanhantes de pessoas idosas, massagistas, praticantes de shiatsu, aromaterapeutas, reflexólogos, acupunturistas e terapeutas da respiração, e ainda de todos os praticantes não médicos. Se você está sintonizado com o Reiki, a energia vital universal contribui automaticamente com todo tratamento de imposição das mãos no exato instante em que se dá o contato físico.

ENERGIZADOR RÁPIDO

Este exercício simples de Reiki é uma boa maneira de repor as energias gastas durante o dia. Uns poucos minutos de dedicação serão recompensados com a sensação de uma energia renovada e revitalizante.

1. Procure um lugar agradável; sente-se ou deite-se comodamente e relaxe.

2. Coloque uma das mãos sobre o chakra do plexo solar (terceiro).

3. Coloque a outra mão logo abaixo da anterior, tocando o abdômen.

4. Relaxe as mãos e os dedos, feche os olhos e deixe a mente vaguear ou descansar. Nenhum esforço especial é necessário.

5. Fique nessa posição de dez a quinze minutos. Você se sentirá rejuvenescido e revigorado pela energia vital.

~ Os Graus de Reiki ~

AUXÍLIO AO SONO

Se, por uma razão qualquer, você não conseguir dormir à noite, esta posição induzirá o relaxamento profundo de que você precisa para adormecer sem nenhum problema.

1. Coloque-se relaxadamente na posição em que você costuma adormecer, deitado de costas ou de lado.

2. Em seguida, coloque uma das mãos na testa e a outra sobre o abdômen. Sinta a região do diafragma expandindo e contraindo, conforme o ritmo da sua respiração.

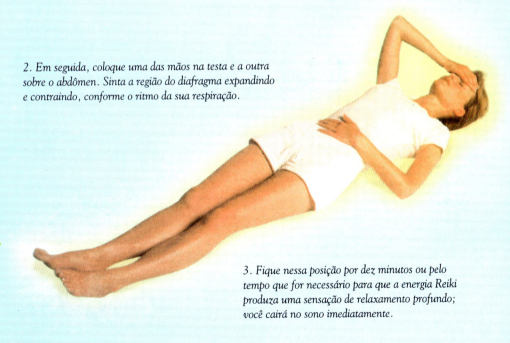

3. Fique nessa posição por dez minutos ou pelo tempo que for necessário para que a energia Reiki produza uma sensação de relaxamento profundo; você cairá no sono imediatamente.

O Segundo Grau

Depois de sintonizado com o Primeiro Grau, passadas algumas semanas ou meses, se você sentir que acumulou uma boa experiência com o Reiki e que gostaria de aprender mais para aprofundar o tratamento e torná-lo mais significativo, esse é o momento certo para receber as sintonizações do Segundo Grau.

Em japonês, esse Grau recebe o nome de *Oku Den*, que significa um exame mais completo do próprio Eu — ou "conhecimento mais profundo". Reflita com cuidado para concluir se esse é o momento adequado para você receber o Segundo Grau, pois seria um erro apressar-se — esse Grau intensifica o movimento da energia em todos os níveis. Ele exerce influência especialmente sobre o corpo etérico (sistema de chakras), além de expandir significativamente a intuição e a capacidade de curar. Dê um intervalo de um a três meses entre as sintonizações do Primeiro e do Segundo Graus para assimilar completamente os processos interiores desencadeados energeticamente.

Paula Horan descreveu um processo de limpeza de 21 dias (ver também pp. 26 e 50) depois de cada Grau. Como as sintonizações aumentam a freqüência vibratória dos corpos físico e etérico, elas fazem aflorar as energias negativas para que estas sejam liberadas. Normalmente, o poder do Reiki precisa de aproximadamente três dias para modificar cada chakra; assim, o processo todo se completa em 21 dias. Embora o canal do Reiki seja aberto entre os chakras do coração (quarto) e da coroa (sétimo), os chakras inferiores (da raiz/primeiro ao plexo solar/terceiro) também são importantes e são ajustados ao poder do Reiki durante o período de limpeza.

O Segundo Grau ensina uma técnica para ajudá-lo a usar a energia em dimensões não físicas. Você aprende a enviar a energia de cura a distância, o que se chama de Tratamento a Distância. O Tratamento a Distância é a transmissão da energia de luz a um receptor distante; de certo modo, essa transmissão se assemelha aos sinais de rádio comuns. Além disso, você aprende um método especial para lidar com problemas emocionais e mentais de natureza profunda. O *Mental Healing*, como é chamado, possibilita que você entre em contato com o subconsciente e com o supraconsciente, ou Eu Superior, e realize a cura no receptor através do espírito. Esse método é usado para tratar problemas diversos, como insônia, dependências, depressão e nervosismo. Você também pode aplicar o *Mental Healing* em si mesmo, talvez para tornar mais positivos padrões habituais de comportamento. Nesse Grau, uma sintonização adicional fortalece enormemente seus poderes de cura. Ela estimula primeiramente o chakra do terceiro olho (sexto), que funciona como uma antena sensitiva. O Reiki do Segundo Grau atua no sentido de desenvolver as capacidades intuitivas e lhe dá condições de abrir-se com mais facilidade ao significado profundo das mensagens.

Além disso, é nessa etapa que você recebe os símbolos secretos do Reiki e os respectivos mantras (ver teoria, pp. 40-2). Eles aumentam a sua energia e produzem uma vibração de luz mais elevada dentro de você. Esses símbolos são os mesmos que o dr. Usui "viu" (ver p. 36) e só são transmitidos às pessoas sintonizadas com o Segundo Grau. O uso dos símbolos exige grande responsabilidade. Assim, cada Mestre de Reiki avalia os participantes potenciais num seminário do Segundo Grau e julga se eles são suficientemente responsáveis para trabalhar com os símbolos. Nem todas as pessoas estão preparadas para arcar com essa responsabilidade — por exemplo, as que sofrem de distúrbios mentais. A maioria das pessoas procura aprender esse Grau quando sente que está preparada; ainda assim, todo interessado precisa ser avaliado e considerado capaz de ser um reikiano do Segundo Grau.

SINTONIZAÇÃO

A sintonização do Segundo Grau aumenta ainda mais a energia nos chakras. Os três símbolos do Reiki também são agora ativados. Essa sintonização aguça a intuição e a imaginação, necessárias para o Tratamento a Distância e para o *Mental Healing*. O "salto quântico" no aumento da freqüência vibratória é várias vezes mais forte no Segundo Grau do que nas sintonizações do Primeiro Grau. Essa é uma das "verdades" básicas do Reiki — algo que precisa ser experimentado para ser adequadamente compreendido.

Visualização no Tratamento a Distância

Este é um exercício que você pode adotar para enviar Reiki ou pensamentos amorosos e de cura a distância. Durante o tempo de contato a distância, a luz dourada exerce uma função protetora e significa que você não pode ser energeticamente perturbado por outra possível fonte (talvez alguém que faça parte de sua vida e que talvez o esteja pressionando de alguma forma). (Ver também pp. 86-7.)

N.B.: O Tratamento a Distância não deve ser enviado a alguém que esteja sendo operado, pois pode interferir nos efeitos da anestesia. Todavia, você pode enviar Reiki a distância com segurança tanto na fase pré-operatória como no período pós-operatório, para intensificar o processo natural de recuperação. Isso se aplica a pessoas e animais.

4. No fim do exercício, imagine a luz que envolve vocês dois dispersando-se lentamente.

1. Imagine-se repleto de uma luz dourada que impregna todo o seu corpo e dele se irradia. Essa luz envolve seu corpo como uma concha protetora.

2. Agora "sinta" ou "veja" a pessoa a quem você quer enviar a cura. Se está sintonizado com o Segundo Grau, você pode usar os símbolos para tratamento a distância nesse momento (ver teoria, pp. 40-2). Quando a pessoa "aparece", ela também fica envolvida por essa luz.

3. Envie agora a energia de luz que emana da palma de suas mãos para a pessoa a ser tratada por meio da visualização. Direcione as mãos para a pessoa visualizada. Imagine dois raios de luz, como se fossem raios laser, fluindo como energia de cura de suas mãos para o corpo do receptor. Você também pode imaginar-se enviando pensamentos de amor e cura para essa pessoa.

O TERCEIRO GRAU (GRAU DE MESTRE)

Quando você decide seguir o caminho do Mestre de Reiki e receber o Terceiro Grau (Grau de Mestre), deve sentir vocação para dar e receber a cura. Talvez você sinta o impulso de descobrir mais coisas a seu respeito e de usar essa experiência para ajudar outras pessoas a se descobrirem e se amarem. Ao receber o Terceiro Grau, você assume o compromisso de praticar, ensinar e, enfim, viver o Reiki. Depois de praticar o Primeiro e o Segundo Graus por um período de um a três anos, reunindo assim experiência suficiente com o Reiki, chegou o momento de inscrever-se para o Terceiro Grau de Reiki, ou Grau de Mestre.

O treinamento para essa etapa é um processo de crescimento voltado para os mistérios e profundezas da cura com Reiki, o que exige dedicação e experiência. De um ponto de vista energético, o Terceiro Grau exige seu tempo e compromisso para processar as muitas reações que o Reiki desencadeia em você nesse Grau.

Se você tem interesse de estudar para esse nível, pergunte a si mesmo: "Por que desejo me tornar Mestre de Reiki? Sinto-me suficientemente maduro para assumir essa responsabilidade? Tenho experiência suficiente com o Reiki?" O Terceiro Grau requer muita maturidade espiritual. Ele representa um compromisso de vida importantíssimo, elevando a energia e a consciência a um ponto nunca antes alcançado por você. Quando você se torna mestre, o Reiki interage com todos os aspectos de sua vida. Ele não pode ser "compartimentado", mas se integra a tudo o que você faz. Você precisa viver o Reiki. Nem todas as pessoas podem fazer isso. Se você quer realmente transformar o Reiki numa parte importante de sua vida, então o caminho do Mestre é adequado para você. Essa sintonização, uma das mais fortes, dá início a um desenvolvimento muito profundo e possibilita um crescimento pessoal substancial em todos os níveis. Você precisa perscrutar e enfrentar velhas estruturas de pensamento e de comportamento e pode descobrir que deve rejeitá-las e substituí-las. Como Mestre de Reiki, você chegará à constatação de que é o mestre de sua própria vida.

Até o início de 1988, havia apenas dois Mestres de Reiki em todo o mundo com permissão de Hawayo Takata para iniciar alunos de Reiki no Terceiro Grau: Barbara Weber-Ray e Phyllis Lei Furumoto. Dessa época em diante, a Grã-Mestra Furumoto concedeu a todos os Mestres de Reiki que se sentissem capazes autorização para iniciar interessados no Terceiro Grau. O pré-requisito para essa iniciação é uma vivência prática de pelo menos três anos como

Mestre de Reiki ativo. Atualmente, nem todos os Mestres em atividade cumprem essa recomendação da International Reiki Alliance.

SINTONIZAÇÃO

O programa de treinamento para Mestre de Reiki é elaborado levando em consideração as características individuais do interessado, é voltado para suas necessidades pessoais e deve desenvolver-se num período de vários meses. Hoje, muitos Mestres de Reiki reduzem o treinamento até a um final de semana. Considero importante que todo aspirante a Mestre participe antes de seminários do Primeiro e do Segundo Graus. Neles, os alunos de Reiki renovam seus conhecimentos, por exemplo, aperfeiçoando o domínio dos símbolos e dos mantras. Também aprendem os métodos de instrução e repassam uma vez mais a seqüência do seminário. Ao refletir sobre a possibilidade de tornar-se Mestre de Reiki, você deve sentir-se confiante em sua capacidade de ensinar Reiki a outras pessoas, uma vez que essa é a principal função do Mestre. Uma parte importante do treinamento é o complexo processo de transmissão de energia estimulada com todos os símbolos que lhe são inerentes. Na última parte do treinamento, o aluno recebe a iniciação no Símbolo de Mestre, o quarto símbolo do Reiki.

Desse ponto em diante, os alunos são capazes de ativar a vibração mais elevada do Quarto Símbolo e de senti-lo em si mesmos. Eles podem orientar a força desse símbolo para o crescimento pessoal e para o trabalho com outras pessoas. Dessa forma, o Reiki se transforma em veículo no caminho para a perfeição pessoal.

Capítulo 5

Os Tratamentos de Reiki

"É como se me fosse retirado mais um véu cada vez que tenho uma sessão de Reiki."

Um cliente de Reiki

O Reiki lhe possibilita sentir uma vibração mais elevada de energia. Quando aplica ou recebe Reiki, você alcança um estado de equilíbrio e bem-estar intensificados. Você se religa com a fonte de energia vital universal e fortalece seus poderes de cura, assumindo a responsabilidade pela própria saúde. Você se conscientiza dessa energia que flui através de você e que o alimenta e mantém vivo. Essa energia é o poder que vive e age em toda matéria criada.

Antes de Começar

Antes de um tratamento, permaneça algum tempo em contemplação silenciosa ou em meditação. Essa atitude cria uma atmosfera amorosa que induz tanto você, o doador, como o receptor ao relaxamento e à entrega. Como doador, você é apenas um canal, não tendo nenhuma influência sobre o resultado do tratamento.

A quantidade de energia absorvida pelo receptor depende sempre das necessidades dele, embora possa levar algum tempo até que o corpo se abra para receber essa energia de cura. Isso difere de pessoa para pessoa. Um receptor não precisa necessariamente estar aberto ao Reiki, porque o corpo absorve automaticamente a quantidade de energia de que necessita.

Coloque as mãos ligeiramente em concha sobre o receptor, sem exercer pressão, seguindo o contorno do corpo, e com os dedos unidos e relaxados. Suas mãos podem esquentar e formigar ou latejar. Essas reações são naturais e um sinal de que o Reiki está fluindo. Ao tocar pontos que dão a sensação de quente ou frio, você localizou a origem de um problema: uma doença crônica ou aguda pode esconder-se ali. Mantenha as mãos sobre o local até sentir o fluxo energético se normalizar. Use a intuição para determinar esse momento.

QUANDO O REIKI É PROVEITOSO

Utilize o Reiki para ajudar e para curar, mas nunca como substituto de cuidados médicos ou da medicação adequada. Ele pode reforçar uma terapia e ativar seu próprio poder de curar a si mesmo.

O Reiki é particularmente proveitoso antes e depois de uma cirurgia, porque produz harmonia e acalma o receptor. Ele também acelera o processo de cura, fazendo com que as incisões operatórias cicatrizem mais rápida e satisfatoriamente. Isso acontece porque a energia Reiki é intensa e o corpo absorve a quantidade que lhe é necessária.

Autotratamento — A Cabeça

Você pode aplicar-se Reiki de maneira muito simples e eficaz a qualquer momento, pois não é necessário nenhum material ou equipamento especial. Aplique-se um tratamento completo sempre que tiver oportunidade, usando as mesmas posições adotadas para o tratamento de outras pessoas. As páginas seguintes mostram a seqüência do autotratamento, que você pode realizar estando sentado ou deitado. A seqüência completa é feita em aproximadamente 45 minutos a uma hora. Mantenha cada posição durante três a cinco minutos. Coloque as mãos suavemente nas diferentes posições do corpo, começando com a cabeça, descendo pela frente do corpo e terminando nas costas. Se você tiver áreas doloridas ou problemas específicos, conserve as mãos sobre essas áreas pelo tempo aproximado de dez a vinte minutos. Seja criativo com as mãos. Deixe-se conduzir por elas e siga sua intuição. (Para obter uma fita cassete com a gravação do "Autotratamento Dirigido", ver p. 143.)

Posição da Cabeça Um
Coloque as mãos sobre os olhos, descansando as palmas nos ossos malares. Essa posição alivia resfriados, produz clareza de pensamento, ajuda a reduzir o stress, aguça a intuição e favorece a meditação.

Posição da Cabeça Dois
Coloque as mãos em ambos os lados da cabeça, acima das orelhas, tocando as têmporas. Essa posição harmoniza os dois lados do cérebro, estimula a memória e a alegria de viver e é útil para depressões e dores de cabeça.

Os Tratamentos de Reiki

Posição da Cabeça Três
Coloque as mãos nos lados da cabeça, cobrindo as orelhas. Essa posição é muito calmante e tem influência sobre todo o corpo. Ela acalma dores de ouvido e os sintomas de resfriados e gripes.

Posição da Cabeça Quatro
Coloque as mãos na parte posterior da cabeça, segurando-a como se fosse uma bola. Essa posição acalma distúrbios do sono, transmite segurança, aguça a intuição, alivia dores de cabeça, abranda o medo e a depressão e tranquiliza a mente e as emoções.

Posição da Cabeça Cinco
Coloque as mãos em torno da garganta, pulsos tocando-se no centro. Essa posição harmoniza a pressão sangüínea e o metabolismo, ajuda a aliviar dores do pescoço e a rouquidão e estimula a auto-expressão.

AUTOTRATAMENTO — PARTE ANTERIOR DO CORPO

POSIÇÃO FRONTAL UM
Coloque as mãos nos lados esquerdo e direito da parte superior do peito, com os dedos se tocando logo abaixo da clavícula. Essa posição fortalece o sistema imunológico, regula o coração e a pressão sangüínea, estimula a circulação linfática, aumenta a capacidade de amar e de usufruir a vida e transforma a negatividade.

POSIÇÃO FRONTAL DOIS
Coloque as mãos sobre a parte inferior da caixa torácica, acima da linha da cintura, com os dedos se tocando. Essa posição regula a digestão, proporciona energia, facilita o relaxamento e reduz medos e frustrações.

POSIÇÃO FRONTAL TRÊS
Coloque as mãos nos lados do umbigo, dedos tocando-se. Essa posição regula o metabolismo do açúcar e das gorduras (pâncreas) e a digestão; ela ajuda também a aliviar emoções fortes, como medos, depressão e frustrações. Útil também para aumentar a confiança em si mesmo.

POSIÇÃO FRONTAL QUATRO
Coloque as mãos sobre o osso pubiano, formando um V. Para mulheres, as pontas dos dedos se tocam. Essa posição trata o intestino grosso, a bexiga, a uretra e os órgãos sexuais; alivia problemas de menstruação, facilita o desenvolvimento da base e abranda o medo existencial.

Os Tratamentos de Reiki

Autotratamento — Parte Posterior do Corpo

Posição Dorsal Um

Coloque as mãos sobre a parte superior dos ombros, uma em cada lado da coluna. Essa posição alivia a tensão nos ombros, abranda dores no pescoço e nas costas, relaxa, libera emoções bloqueadas e ajuda a resolver problemas de responsabilidade.

Posição Dorsal Dois

Coloque uma das mãos no meio do peito e a outra na mesma altura nas costas, palma voltada para fora. Essa posição equilibra a glândula timo, harmoniza o coração, estimula o sistema imunológico e aumenta a alegria de viver e a confiança. Ela também afasta a tristeza e a depressão.

Posição Dorsal Três

Coloque as mãos em torno da cintura, na altura dos rins, dedos apontando para a coluna. A Posição Dorsal Três fortalece os rins, as supra-renais e os nervos, desintoxica, alivia o stress, acalma dores lombares e reforça a auto-estima e a confiança.

Posição Dorsal Quatro

Posicione as mãos em V, dedos tocando-se sobre o cóccix. Essa posição trata os órgãos sexuais, a digestão, o nervo ciático, promove a criatividade e a confiança e facilita o desenvolvimento da base.

TRATAMENTO APLICADO A OUTRAS PESSOAS

É sempre melhor dar o tratamento completo, aplicando todas as posições básicas. Mantenha as mãos na mesma posição de três a cinco minutos. Com o tempo, você sentirá exatamente quando uma parte do corpo recebeu Reiki suficiente. Trate áreas com problemas separadamente, durante dez a vinte minutos. Nesses pontos você pode sentir calor ou frio; mantenha as mãos até sentir o fluxo normalizar-se. Se a energia estiver sendo bem absorvida, talvez você sinta formigamento ou pulsação nas mãos.

Posicione as mãos com delicadeza e suavidade, mantendo os dedos unidos. Mencione ao receptor possíveis reações de cura, que normalmente diminuem rapidamente. Aplique Reiki em casos de emergência e de choque, e trate por cima do gesso. Em queimaduras, mantenha as mãos um pouco acima da área afetada.

Para um tratamento completo, reserve um período de uma hora a uma hora e meia. Enfermidades crônicas exigem tratamento intensivo, durante várias horas e por um período prolongado. Com pessoas idosas ou doentes, comece com meia hora e aumente o tempo aos poucos. Dez a vinte minutos em geral são suficientes para tratar bebês e crianças.

O ideal é começar com quatro tratamentos em quatro dias consecutivos, o que dá ao corpo tempo suficiente para adaptar-se ao plano energético e para eliminar as toxinas mais eficazmente. Durante o processo, enfermidades crônicas podem tornar-se agudas novamente. Essas reações fazem parte do processo de cura e em geral desaparecem de duas a 24 horas depois. Sentimentos bloqueados também podem ser liberados, possivelmente provocando reações emocionais. É bom deixar essas emoções se expressarem. Depois do tratamento de quatro dias, aplique tra-

> ### ANTES DE CADA TRATAMENTO DE REIKI
>
> *Praticante e receptor devem tirar relógios e jóias.*
>
> *O receptor deve tirar os sapatos, o cinto e soltar roupas apertadas.*
>
> *Limpe o espaço com o Primeiro Símbolo e carregue-o com energia positiva.*
>
> *Relaxe e centre-se antes de iniciar o tratamento.*
>
> *Lave as mãos com água corrente fria antes e depois do tratamento.*
>
> *O receptor não deve cruzar as pernas.*
>
> *Coloque música relaxante, própria para meditação, ou aplique o tratamento em silêncio.*
>
> *Tenha um cobertor à mão, em caso de frio.*
>
> *Como doador, lembre-se antes e depois de que você está sendo usado como canal de energia de cura.*
>
> *Depois do tratamento, alise a aura do receptor três vezes e trace uma linha de energia desde o cóccix até o alto da cabeça.*
>
> *Deixe o receptor descansar por alguns minutos.*

Os Tratamentos de Reiki

tamentos uma ou duas vezes por semana durante algumas semanas. Depois de cada tratamento, lembre ao receptor que ele deve tomar muito líquido para eliminar as toxinas.

Alisamento da Aura
Ao iniciar o tratamento, alise suavemente a aura do receptor, da cabeça aos pés, acompanhando o contorno do corpo. Esse procedimento relaxa o receptor e o prepara para o tratamento.

A Cabeça

É comum começar um tratamento de Reiki pela cabeça. As posições da cabeça são muito eficazes, pois relaxam e equilibram todo o corpo. Use um guardanapo de papel para a Posição da Cabeça Um, se o receptor quiser. Estenda o guardanapo desde a testa até a ponta do nariz.

Posição da Cabeça Um
Posicione as mãos à direita e à esquerda do nariz, cobrindo a testa, os olhos e as maçãs do rosto. Essa posição é boa para tratar os olhos e os seios nasais. Ela equilibra as glândulas pituitária e pineal. Aplique-a para tratar cansaço, stress, resfriados, sinusite, enfermidades dos olhos e alergias. O relaxamento dos olhos induz o relaxamento de todo o corpo.

Posição da Cabeça Dois
Descanse as mãos sobre as têmporas, com as pontas dos dedos tocando os ossos malares e as palmas seguindo o contorno da cabeça. Essa posição é eficaz para tratar os músculos e os nervos oculares. Ela equilibra os lados direito e esquerdo do cérebro e do corpo, alivia o stress e a atividade mental excessiva, tranquiliza a mente, favorece a aprendizagem e a concentração e alivia resfriados e dores de cabeça.

Posição da Cabeça Três

Posicione as mãos sobre as orelhas. Essa posição trata os órgãos do equilíbrio e a faringe. Use-a para tratar distúrbios do senso de equilíbrio, problemas do ouvido externo e interno, ruídos ou zumbidos nos ouvidos, dificuldades de audição, enfermidades do nariz e da garganta, resfriados e gripes.

Posição da Cabeça Quatro

Sustente a parte posterior da cabeça com as mãos em concha; as pontas dos dedos tocam a medula oblonga. Essa posição é boa para tratar a parte posterior da cabeça, os olhos e o nariz e ajuda a acalmar e clarear o pensamento. Use-a para acalmar emoções intensas, como o medo e o choque, e para aliviar a tensão, dores de cabeça, distúrbios oculares, resfriados, asma, febre de feno e problemas digestivos.

Posição da Cabeça Cinco

Posicione as mãos nos lados e na parte frontal da garganta, mas sem tocar a garganta diretamente. Essa posição é eficaz para tratar as glândulas tireóide e paratireóide, a laringe, as cordas vocais e os nódulos linfáticos. Use-a para distúrbios do metabolismo, problemas de peso, palpitação e fibrilação cardíaca, pressão sangüínea alta ou baixa, irritação da garganta, inflamação das amígdalas, gripes, rouquidão, agressões reprimidas e excessivas. Promove a auto-expressão.

Parte Anterior do Corpo

Tratando a parte anterior do corpo, aprofundamos todo o processo de cura. Reações emocionais podem ocorrer, embora não sejam inevitáveis. Aplicando Reiki nessa região, equilibramos os órgãos e estimulamos os centros de energia (chakras) localizados na frente do corpo.

Posição Frontal Um
(ou Posição em T)

Coloque uma das mãos sobre a glândula timo e a outra sobre o esterno, formando um ângulo reto com a primeira na altura da clavícula (juntas, as mãos formam um T). Essa posição é boa para tratar o timo, o coração e os pulmões. Ela se relaciona com o centro do coração (quarto chakra). Use-a para fortalecer os sistemas imunológico e linfático e para tratar doenças do coração ou dos pulmões, bronquite, surdez, fraqueza geral e depressão.

Posição Frontal Dois

Coloque uma das mãos sobre as costelas inferiores, no lado direito, na base do peito e a outra logo abaixo, na linha da cintura. Essa posição é boa para tratar o fígado e a vesícula biliar, o pâncreas, o duodeno e partes do estômago e do intestino grosso. Use-a para doenças do fígado e da vesícula biliar, como hepatite e pedras na vesícula, para distúrbios digestivos e metabólicos e para desintoxicação. Ela também equilibra emoções, como a raiva e a depressão.

Os Tratamentos de Reiki

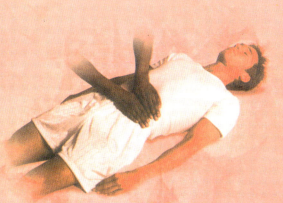

Posição Frontal Três
Coloque uma das mãos sobre as costelas inferiores, no lado esquerdo, na base do peito, e a outra logo abaixo, na linha da cintura. Essa posição é boa para tratar o baço e partes do pâncreas, dos intestinos delgado e grosso e do estômago. Use-a em caso de problemas com o pâncreas ou com o baço e no tratamento de diabetes, gripes, infecções, distúrbios digestivos, anemia e leucemia. Em casos de Aids e câncer, ela ajuda a estabilizar o sistema imunológico.

Posição Frontal Quatro
Posicione uma das mãos acima do umbigo e a outra abaixo. Essa posição é boa para tratar o plexo solar, o estômago, os órgãos da digestão, o sistema linfático e os intestinos. Ela se relaciona com os chakras do sacro (segundo) e do plexo solar (terceiro). Use-a para distúrbios estomacais e intestinais, náusea, indigestão, desordens metabólicas e emoções intensas, como depressão, medos e choque. Eficaz para recuperar a energia e a vitalidade.

Posição Frontal Cinco (Posição em V)
Para homens, coloque as mãos na área da virilha, sem tocar o membro masculino. Para mulheres, descanse ambas as mãos sobre o osso pubiano. Essa posição é boa para tratar os órgãos abdominais, os intestinos, a bexiga e a uretra. Ela se relaciona com o chakra da raiz (primeiro). Use-a para distúrbios urogenitais, menstruais e da menopausa, e no tratamento de desordens digestivas e do apêndice, de cãibras, dores lombares, tumores ovarianos e problemas do útero, da bexiga e da próstata.

Parte Posterior do Corpo

O tratamento da parte posterior do corpo acalma ainda mais as tensões, os pensamentos e os sentimentos. Deitando em decúbito ventral, o receptor se sente mais protegido, e assim a cura e o relaxamento podem acontecer em níveis mais profundos.

Posição Dorsal Um
Posicione ambas as mãos sobre os ombros, à direita e à esquerda da coluna. Essa posição é boa para tratar a nuca e os músculos dos ombros.
Use-a para aliviar a tensão nos ombros e na nuca, para problemas no pescoço, stress, emoções reprimidas e problemas relacionados com o senso de responsabilidade.

Posição Dorsal Dois
Posicione as mãos sobre as omoplatas. Essa posição é boa para tratar os ombros, o coração, os pulmões e a parte superior das costas. Use-a para doenças pulmonares e cardíacas, tosse, bronquite, problemas nas costas e nos ombros, perturbações emocionais intensas e depressão. Essa posição promove a capacidade de amar, a confiança e a alegria.

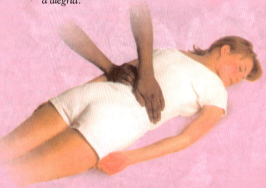

Posição Dorsal Três
Descanse as mãos sobre as costelas inferiores e sobre os rins. Essa posição ajuda a tratar as glândulas supra-renais, os rins e o sistema nervoso. Use-a para enfermidades dos rins, para alergias e desintoxicação, para febre do feno, para choques devidos a emergências e acidentes, e para medos, stress e dores nas costas. Relaxando a região do meio das costas, soltamos o passado, o stress e a dor.

Os Tratamentos de Reiki

Posição Dorsal Quatro
Se o receptor tiver costas longas, coloque as mãos na região lombar (linha dos quadris). Essa posição trata dores ciáticas, lombares e dos quadris, fortalece a linfa e os nervos e estimula a criatividade e a sexualidade.

Posição Dorsal Cinco (A) ou Posição em T
Coloque uma das mãos sobre o sacro e a outra em ângulo reto com a primeira sobre o cóccix, formando um T. Essa posição é boa para tratar os intestinos, o sistema urogenital e o nervo ciático. Relacionada com o chakra da raiz (primeiro), ela ajuda em situações de medo existencial. Use-a para hemorróidas, complicações digestivas, inflamações intestinais, distúrbios da bexiga, da próstata e da vagina e para aliviar dores ciáticas.

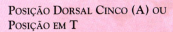

Posição Dorsal Cinco (B) ou Posição em V
Coloque as pontas dos dedos de uma das mãos diretamente sobre o cóccix (às vezes você terá de tatear ligeiramente para localizar esse osso) e a outra mão próxima à primeira para formar um V. Essa posição tem os mesmos efeitos curativos da Posição Dorsal Cinco (A) ou Posição em T. Com as pontas dos dedos diretamente sobre o cóccix, a energia pode se deslocar mais facilmente pela coluna (subindo). Energiza e harmoniza o sistema nervoso, estimulando a confiança.

AS PERNAS

As pernas e os pés sustentam todo o peso do corpo. Problemas com as pernas, joelhos e pés podem indicar hesitação e medo de levar a vida adiante. Também armazenamos emoções nas áreas superior e inferior das pernas. Aplicando Reiki, liberamos essa energia e podemos atrair consciência para dar os passos certos na direção certa.

> "Descobri que o Reiki me fez melhor sob todos os aspectos. No que se refere à saúde, o eczema nas pernas desapareceu por completo."
> JUDY

POSIÇÃO DA CAVIDADE DOS JOELHOS
Cubra a cavidade dos joelhos com as mãos. Essa posição é boa para tratar todas as partes da articulação do joelho. Use-a para machucaduras nas articulações causadas por práticas esportivas e para bloqueios que interrompem o fluxo de energia dos pés para a região lombar. Essa posição trata também o sentimento de medo, especialmente do medo de morrer.

POSIÇÃO DA SOLA DOS PÉS (A)
Coloque as mãos sobre a sola dos pés; o ideal é que as pontas dos dedos das mãos cubram os dedos dos pés. Essa posição é boa para tratar as zonas reflexas dos pés, que influenciam vários órgãos importantes do corpo. Use-a para fortalecer o chakra da raiz (primeiro) e para o aterramento de todos os chakras e regiões do corpo.

POSIÇÃO DA SOLA DOS PÉS (B)
Posicione a polpa das palmas das mãos sobre os dedos dos pés, com as pontas dos seus dedos apontando para os calcanhares. Essa posição tem os mesmos efeitos da Posição da Sola dos Pés (A). O receptor sentirá uma intensificação do fluxo de energia que vai dos pés para a cabeça; o corpo será sentido em sua totalidade.

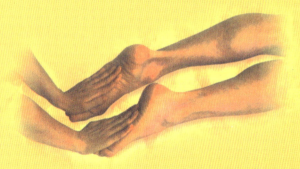

Posições Extras

É recomendável aplicar essas posições sempre que haja algum problema específico sobre o qual você queira se concentrar particularmente. Isso pode incluir, por exemplo, dor ciática ou no pescoço, incapacidade de liberar emoções e tensões contidas no corpo e assim por diante.

Posição da Cabeça
Posicione ambas as mãos no topo do crânio. Essa posição é boa para tratar fissuras cerebrais e o sistema capilar. Use-a para stress, dores de cabeça, distúrbios relacionados com o equilíbrio e para o centramento. Para esclerose múltipla, aplique tratamento regular e intensivo.

Posição das Vértebras do Pescoço
Posicione uma das mãos sobre a nuca e a outra sobre as vértebras cervicais. Use essa posição para deslocamento do pescoço, para dores nos ossos, para o coração, a coluna, os nervos e para problemas no pescoço.

POSIÇÃO DO PEITO/TÓRAX
Posicione as mãos em ambos os lados do peito. Essa posição ajuda a harmonizar os aspectos masculino e feminino.

POSIÇÃO DA CABEÇA E DO ABDÔMEN
Posicione uma das mãos sobre a testa e a outra no abdômen (logo abaixo do umbigo). Essa posição acalma e centra; ela favorece o equilíbrio espiritual e relaxa as pessoas que sofrem de stress e choque.

POSIÇÃO DA ARTICULAÇÃO DOS QUADRIS
Descanse as mãos sobre os quadris direito e esquerdo. Essa posição é boa para o tratamento das articulações dos quadris, para varizes, para dor nas pernas e para o ponto da vesícula no sistema de meridianos do corpo.

POSIÇÃO DAS COXAS
Coloque as mãos espalmadas na parte interna de cada coxa (as pontas dos dedos ficam voltadas em direções opostas). Essa posição é eficaz para tratar os intestinos e para liberar emoções e tensões. Além disso, ela libera medos profundamente arraigados.

Posição das Nádegas, das Pernas e dos Calcanhares

Coloque uma das mãos diretamente sobre a nádega a ser tratada ou sobre o sacro e a outra sobre o calcanhar do mesmo lado. Sempre que possível, trate os dois lados. Essa posição é boa para tratar dores ciáticas.

Posição da Coluna

Posicione as mãos, uma depois da outra, começando na parte superior da coluna e descendo em direção à porção inferior. Trate até o cóccix e termine com a Posição Dorsal Cinco (Posição em T, ver p. 73). A posição da coluna é útil para tratar problemas nas costas, desgaste de disco e doenças degenerativas.

Tratamento Simplificado de Reiki

Esse tratamento é útil para situações estressantes e dores de cabeça, para equilibrar os chakras, quando não há tempo para um tratamento completo, ou se o receptor está tenso e precisa de uma tonificação energética. O receptor senta-se relaxadamente, com as pernas descruzadas, as mãos repousando sobre as coxas. No início e no fim alise a aura desde a cabeça até os pés (ver p. 67). Esse alisamento da aura acalma e revigora, especialmente se o último movimento for desde a região sacral até a cabeça. Para primeiros socorros, em caso de traumatismo, use as posições 10 e 11.

Posição Um
Posicione as mãos levemente sobre os ombros e faça um primeiro contato amoroso.

Posição Dois
Posicione as mãos no topo da cabeça, mas sem cobrir o chakra da coroa (sétimo).

Os Tratamentos de Reiki

Posição Três
Posicione uma das mãos sobre a medula oblonga (transição entre a parte posterior da cabeça e a coluna) e a outra sobre a testa.

Posição Quatro
Descanse uma das mãos sobre a sétima vértebra (vértebra saliente) e a outra sobre a clavícula, abaixo do pomo-de-adão.

Posição Cinco
Posicione uma das mãos sobre o centro do peito (osso do tórax/ centro cardíaco) e a outra nas costas, entre as omoplatas, na mesma altura da primeira.

POSIÇÃO SEIS
Descanse uma das mãos sobre o estômago, cobrindo o chakra do plexo solar (terceiro) e a outra nas costas, na mesma altura.

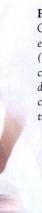

POSIÇÃO SETE
Coloque uma das mãos abaixo do umbigo e a outra na mesma altura nas costas (região do sacro). Você pode terminar com esta posição ou, no caso de dispor de mais alguns minutos, pode continuar com as Posições Oito e Nove, úteis para tratar os joelhos e os pés.

POSIÇÃO OITO
Posicione uma das mãos sobre o sacro (raiz/primeiro chakra), com as pontas dos dedos apontando para baixo, e a outra mão sobre um dos joelhos. Troque de lado e trate o outro joelho.

Os Tratamentos de Reiki

POSIÇÃO NOVE
Descanse as mãos sobre os pés.

POSIÇÃO DEZ
Coloque uma das mãos na parte superior das costas, entre as omoplatas (altura do coração) e a outra sobre o plexo solar.

POSIÇÃO ONZE
Posicione uma das mãos no meio das costas/cintura(rins/glândulas supra-renais) e a outra sobre o estômago.

MENTAL HEALING

No *Mental Healing*, por meio dos símbolos do Reiki (ver pp. 40-2), o doador estabelece contato com as regiões ocultas da consciência. O segundo símbolo o relaciona diretamente com o supraconsciente do receptor, conhecido como Eu Superior, e com o subconsciente, através do qual você aprende mais sobre padrões de comportamento, condicionamento e as causas de problemas e doenças. O *Mental Healing* pode ajudá-lo a transformar energias maldirecionadas para que o receptor possa sentir otimismo, amor e felicidade.

Durante esse tipo de tratamento, o conhecimento passa do subconsciente para a consciência desperta de formas diferentes. Mensagens de percepções intuitivas e causas de problemas são reconhecidas. Por exemplo, a leitura da passagem de um livro pode inesperadamente remetê-lo ao seu problema: você recebe a mensagem que precisa ouvir. Medos, hábitos arraigados e outras inquietações mentais ou espirituais podem ser influenciados positivamente. Essa técnica é particularmente útil para descobrir as causas espirituais e mentais de doenças físicas. O *Mental Healing* ajuda você a ter mais clareza sobre condicionamentos e padrões antigos, o que é um primeiro passo para a cura. Quanto mais você se dá conta do que pensa de si mesmo e do nível em que se encontra sua auto-estima, mais se conscientizará de seus padrões de comportamento e de seu sistema rígido de crenças. O *Mental Healing* o estimula a buscar mais clareza. O que você quer atrair e integrar à sua vida? Fazendo afirmações positivas, você pode também usar poderes mentais para fortalecer o crescimento interior e a cura em todos os planos.

O *Mental Healing* exige grande responsabilidade por parte do praticante, uma vez que ele o põe em contato direto com o subconsciente e com o supraconsciente do receptor. Todas as mensagens que você envia para a mente são registradas pelo subconsciente do receptor. A mente deve estar limpa, calma e vazia. Para limpar a mente, procure fazer a Meditação *Gibberish* (ver na página ao lado). Trate com *Mental Healing* só com autorização do receptor e unicamente para o benefício dele.

Numa sessão de *Mental Healing*, o receptor se senta numa cadeira. A seqüência dura cerca de quinze minutos e pode fazer parte de um tratamento normal de Reiki. Você pode também aplicar-se *Mental Healing* pela manhã ou à noite, antes de ir para a cama. Assim, você aprofunda sua ligação com o subconsciente e com o Eu Superior e acabará conhecendo-se melhor.

> *"Durante o Mental Healing, eu me senti muito aberto. De repente, como se uma lâmpada se acendesse dentro de mim, compreendi coisas até então obscuras."*
> HENRY

No *Mental Healing*, você trabalha com afirmações, escolhidas em conjunto. Elas descrevem um estado positivo que você deseja para si mesmo. Visualize o estado positivo, que pode se referir a partes do corpo, sentimentos ou estados mentais.

A afirmação seguinte, ou alguma parecida, pode ser muito eficaz: "Eu (nome) amo a mim mesmo, simplesmente porque sou como sou." Essa afirmação abre o coração, e toda a carga de luta contra si mesmo e de auto-rejeição pode se dissolver de modo suave, em lágrimas. Dizer essa afirmação duas ou três vezes aproxima-o novamente de si. Nesse estado, você pode amar-se e aceitar-se. Essa afirmação abrange as três áreas: a mente, o corpo e o espírito.

Ao trabalhar sobre uma única área, use a seguinte afirmação: "Eu (nome) agora amo e aceito meu corpo."

Ao trabalhar sobre as emoções, diga: "Eu (nome) abro meu coração e agora aceito todos os meus sentimentos."

Ao trabalhar sobre a área mental, repita: "Minha meditação está ficando mais profunda a cada dia."

MEDITAÇÃO GIBBERISH [linguagem confusa e incompreensível]
A mente pensa com palavras; por isso, balbuciar ajuda-o a livrar-se dos pensamentos. Deixe também o corpo expressar-se, sacudindo as mãos e a cabeça.
Faça isso sozinho ou em grupo. Essa é uma boa maneira de relaxar antes do Mental Healing.
1. Feche os olhos e comece a balbuciar: emita sons sem pensar, como se estivesse falando numa língua estrangeira que não compreende.
2. Perca-se nesse balbuciar durante uns quinze minutos. Expresse tudo o que quiser sair. Deixe o corpo se expressar também.
3. Em seguida, durante quinze minutos, deite-se sobre o estômago e sinta-se derretendo no chão a cada expiração.

TRATAMENTO A DISTÂNCIA

Essa forma de tratamento constitui a essência do Segundo Grau. Com ela você envia mensagens mentais e energias de cura a distância. É como transmissão de pensamento. Quantas vezes você pensou em alguém e então recebeu uma carta ou um telefonema da pessoa no mesmo dia? Um incidente como esse pode parecer mera coincidência, mas é a prova de que pensamentos são transmitidos e recebidos no nível mental (telepatia).

Um pouco como a tecnologia do rádio e da televisão, usamos o fenômeno da transmissão "sem fio" no Tratamento a Distância. Sabemos que as vibrações dos sinais de rádio e televisão, invisíveis ao olho humano, são transmitidas através do espaço. Com a ajuda do terceiro símbolo (ver p. 42), você pode usar um tipo semelhante de transferência de energia para estabelecer contato mental com pessoas que não estão presentes fisicamente.

Você aplica o método do Tratamento a Distância com uma técnica de visualização apropriada (ver também pp. 56-7) e transmite a energia de cura para o receptor como se fosse através de uma "ponte de luz". Assim, você pode transmitir energia vital a longas distâncias. O poder de cura pode ser muito ampliado durante o Tratamento a Distância porque as forças mentais são muito fortes, embora os receptores normalmente sintam o tratamento por contato mais distintamente; em ambos os casos, porém, a energia é exatamente a mesma (embora com diferentes graus de intensidade). Como doador, você distingue os diferentes fluxos de energia dirigindo-se a cada parte do corpo do receptor, e também pode ter uma idéia clara sobre o que está errado e sobre como ele está absorvendo o tratamento. Depois de uma sessão de Tratamento a Distância, é sempre interessante fazer algumas anotações de aspectos que talvez possam ser analisados com o receptor num telefonema subseqüente ou mesmo por carta.

O ideal é combinar antecipadamente a hora do Tratamento a Distância, momento em que o receptor deverá sentar-se ou deitar-se, pois é melhor para ele ficar parado durante a sessão. Se você não conhecer o receptor pessoalmente, use uma fotografia para visualizar o direcionamento da atenção. Geralmente, uma sessão de Tratamento a Distância dura entre quinze e trinta minutos.

Use o Tratamento a Distância sempre que, por razões de tempo ou distância, você não puder contar com a presença física do receptor. Por exemplo, se ele for se submeter a uma cirurgia, trate-o antes e depois (mas não durante) a operação (ver também p. 56). Jamais aplique um tratamento contra a vontade de alguém.

Não sendo possível combinar um horário específico antecipadamente, pergunte à pessoa, no início do contato mental, se ela quer receber um Tratamento a Distância. Isso também se aplica no caso de um arranjo prévio entre amigos. Peça sempre permissão e não seja invasivo. É importante também estar atento à chamada "viagem de ajuda" (quando você se sente tão bem ajudando os outros que seus motivos podem ser suspeitos). O Reiki é um método de cura não invasivo. Se as pessoas não querem recebê-lo, respeite a vontade delas. Em geral, a melhor recomendação é esperar até que lhe peçam para enviar o Reiki.

Você pode enviar Tratamento a Distância a você mesmo ou a outras coisas externas a você a qualquer momento. Usando a técnica do Tratamento a Distância, é possível enviar cura e luz a áreas problemáticas específicas e a situações difíceis ou não resolvidas. Com o segundo e o terceiro símbolos (ver p. 42), podem-se combinar os métodos do *Mental Healing* e do Tratamento a Distância. Você também pode trabalhar e curar temas do passado mais distante, como eventos traumáticos da infância, com a finalidade de cicatrizar antigas feridas (ver também p. 108).

Com o Tratamento a Distância, você pode aplicar Reiki em outras pessoas, em animais (ver pp. 96-7) e em plantas (ver p. 94). Reúna-se com alguns amigos reikianos e deixem que pensamentos de paz e energias de cura fluam para todo o planeta. O uso do Reiki em grupo cria um campo energético mais forte (ver pp. 120-21). O procedimento apropriado para o Tratamento a Distância é ensinado no seminário de Segundo Grau.

CURANDO O PLANETA
Em tempos de inquietação geral, durante calamidades e guerras, você pode enviar Reiki para toda a Terra ou para uma região específica do planeta.

Harmonização dos Chakras

O equilíbrio dos centros de energia (chakras) com o Reiki é muito eficaz. Como as posições básicas do Reiki seguem os sete chakras principais, você pode facilmente incluir a harmonização dos chakras num tratamento de Reiki. Mas também é possível tratar os centros de energia separadamente, o que leva cerca de quinze a vinte minutos.

Cada chakra reflete um aspecto do crescimento pessoal. Se temos um bloqueio no fluxo de energia de nossos chakras, isso pode levar a um desequilíbrio e a um distúrbio mental-espiritual ou físico. As posições de cada chakra são mostradas no gráfico à frente (ver pp. 90-1), que também descreve os órgãos correspondentes e as características dos chakras individuais. Com a ajuda do Reiki pode-se harmonizar, ou equilibrar, um excesso ou uma deficiência de energia nos chakras.

Como regra, em geral há excesso de energia na cabeça e falta de energia na parte inferior do corpo. O chakra da coroa (sétimo) não precisa de energia adicional; por isso, não toque nele durante a harmonização dos chakras.

Se puser uma das mãos no chakra da raiz (primeiro) e a outra na testa, no chakra do terceiro olho (sexto), você pode corrigir esse desequilíbrio facilmente. Para isso, mantenha as mãos nesses dois pontos até sentir a mesma intensidade de energia em ambos os chakras. Inicialmente, pode ser que você sinta uma diferença de temperatura nos dois pontos, variando de quente a frio; por isso, espere até sentir as duas mãos igualmente aquecidas. Em seguida, posicione uma das mãos sobre o chakra da garganta (quinto) e a outra sobre o chakra do sacro (segundo) (ver ilustração). Aqui também mantenha as mãos no lugar até sentir que a mesma quantidade de energia flui de ambas.

Em seguida, ponha uma das mãos sobre o chakra do coração (quarto), no meio do peito, e a outra sobre o chakra do plexo solar (terceiro). Mantenha as mãos nessa posição até sentir que a mesma quantidade de energia flui de ambas.

Uma seqüência alternativa para restabelecer o equilíbrio dos chakras é posicionar uma das mãos no chakra da raiz (primeiro) e equilibrar todos os demais chakras com ele, um depois do outro. O mesmo se aplica ao chakra do terceiro olho (sexto). Deixe uma das mãos sobre a testa e ponha a outra sobre todos os chakras, um depois do outro. Esse é um bom tratamento de reequilíbrio quando você tem excesso de energia na cabeça e gostaria de dirigir parte dela para os chakras inferiores. Reforce a harmonização dos chakras usando os símbolos correspondentes (ver pp. 40-2). (Ver também pp. 32-3.)

◦ Os Tratamentos de Reiki ◦

"*Muitas vezes tive medo de abrir minhas caixas de Pandora, mas agora sinto-me estimulada a trabalhar com essas coisas.*"
Elaine

Exemplo de Harmonização
Esta ilustração mostra as posições das mãos para harmonização do chakra da garganta (quinto) e do sacro (segundo).

Reiki — Cura e Harmonia Através das Mãos

Chakra	Nome	Órgão
	Coroa (sétimo)	*Parte superior do cérebro, olho direito, glândula pineal*
	Terceiro olho (sexto)	*Parte inferior do cérebro, olho esquerdo, nariz, espinha, ouvidos, glândula pituitária*
	Garganta (quinto)	*Garganta, glândula tireóide, parte superior dos pulmões e braços, trato digestivo*
	Coração (quarto)	*Coração, pulmões, circulação, glândula timo*
	Plexo solar (terceiro)	*Estômago, fígado, vesícula biliar, pâncreas, plexo solar*
	Sacro (segundo)	*Órgãos da reprodução, sistema urogenital, rins, gônadas, pernas*
	Raiz (primeiro)	*Glândulas supra-renais, bexiga, genitais, espinha*

Os Tratamentos de Reiki

Tema	Chakra
Consciência da unicidade, consciência espiritual, consciência expandida, sabedoria, intuição, relação com o Eu Superior, com o guia interior e com o amor universal.	
Clarividência, telepatia, sede da vontade, controle do pensamento, visão interior e compreensão, inspiração, despertar espiritual.	
Auto-expressão, comunicação, criatividade, senso de responsabilidade.	
Centro das emoções, amor a si e aos outros, paz, simpatia, perdão, confiança, desenvolvimento espiritual, compaixão.	
Poder, dominação, força, medo.	
Vitalidade, alegria de viver, auto-estima, refinamento de sentimentos, relacionamentos, desejo.	
Vontade de viver, energia vital, sobrevivência, fertilidade, procriação.	

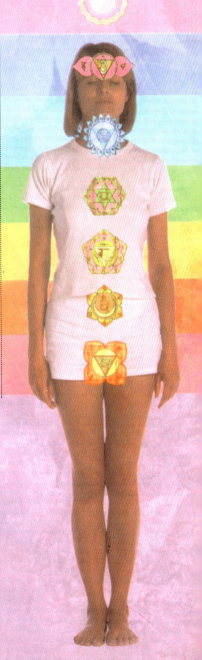

GROUNDING

Ter uma "boa base" [*grounding*] significa que você está ligado à Terra: você tem "os pés no chão", está centrado interiormente e está bem "enraizado" (conectado com o chakra da raiz/primeiro). É bom fazer este exercício quando você quer estar mais ligado e absorver mais energia da Terra. Sempre que você vive demasiadamente "na cabeça" (pensando demais, em vez de viver o momento presente), você tem pensamentos, medos e preocupações em excesso, falta-lhe o contato consigo mesmo e a conexão com a Mãe Terra. É bom também fazer este exercício antes dos tratamentos com Reiki para fortalecer sua presença e seu enraizamento.

ENERGIZANDO OS CHAKRAS

1. Fique de pé, com o corpo relaxado, pés separados por uma distância igual à largura dos ombros, olhos fechados.

2. Inspire profundamente; ao expirar, solte e relaxe os ombros. Repita essa seqüência duas ou três vezes, sempre liberando as tensões do corpo na fase de expiração.

3. Agora concentre-se nos pés. Imagine-se absorvendo energia da Terra. Ao inspirar, absorva a energia da Terra pelo pé esquerdo. Você pode também imaginar-se atraindo energia do centro da Terra. Essa energia sobe por sua perna esquerda e flui para o chakra da raiz (primeiro) (ele se localiza na parte inferior da pelve e se abre para a Terra, embaixo).

4. Ao expirar, imagine a energia da Terra descendo por sua perna direita, passando pelo pé direito e penetrando na Terra. Imagine a energia voltando ao centro da Terra. Depois de um período de cinco a dez minutos, termine o exercício nesse ponto ou prossiga com o item 5.

5. Se você resolver continuar, ao inspirar absorva a energia da Terra pelo pé esquerdo, fazendo-a subir pela perna esquerda. Faça-a circular pelo chakra do sacro (segundo) e em seguida fluir de volta à Terra, descendo pela perna direita e saindo pelo pé direito, enquanto você expira. Trate desse modo os sete chakras, da raiz à coroa. Deixe a energia da Terra fluir através de cada chakra durante cerca de dois minutos.

OS TRATAMENTOS DE REIKI

Coroa (7º)

"*Estou absolutamente cativado pelo Reiki; ele é o único modo satisfatório de relaxar que encontrei até agora.*"
BRIAN

Terceiro Olho (6º)

Garganta (5º)

Coração (4º)

Plexo Solar (3º)

Sacro (2º)

Raiz (1º)

Energia da Terra saindo

Energia da Terra entrando

Capítulo 6

Reiki no Dia-a-Dia

"Uso o Reiki para equilibrar minhas energias e para me abastecer. Ele me ajuda em minha jornada espiritual."
Karin

A energia vital universal, ou Reiki, é uma energia natural muito forte que flui em todos nós. É a energia básica que nos criou e que corre constantemente em todos os seres vivos — humanos, animais e vegetais —, alimentando-os e sustentando-os. Essa energia está disponível para todos e é absorvida e consumida em nossas atividades diárias. Com a aplicação de Reiki, podemos nos reabastecer com essa energia e produzir o equilíbrio corporal, emocional e mental de que precisamos.

O Reiki pode ser eficazmente aplicado a tudo o que tem vida. A consciência dos animais e dos vegetais é diferente da consciência humana, mas eles participam conosco do mesmo ciclo de crescimento natural, saúde, doença e morte. Eles também sofrem, como nós, os efeitos da poluição ambiental e estão expostos a acidentes e a situações estressantes. O Reiki pode ajudar a diminuir os efeitos de tudo isso.

Reiki para Vegetais

Assim como a energia vital universal se manifesta nos seres humanos e nos animais, ela também se manifesta nos vegetais, que respondem muito positivamente ao tratamento de Reiki. Isso se revela em crescimento forte e saudável, bom florescimento e vida longa. Você pode aplicar Reiki em plantas de vaso, na área da raiz, colocando as mãos ao redor do vaso. Pode também aplicar Reiki diretamente nas raízes ou num caule ferido. Ao transplantar uma planta, trate as raízes antes de replantá-la. No caso de sementes, segure-as nas mãos por alguns minutos antes de semeá-las. Aplique Reiki também depois de semear. Ao lidar com mudas, trate as raízes durante alguns minutos. Para flores colhidas, segure os caules e, mais tarde, mantenha as mãos em torno do vaso.

Se tiver oportunidade, aplique Reiki em árvores, envolvendo-as diretamente com os braços, se possível. Caso contrário, coloque as mãos sobre o tronco ou sobre a terra ao redor do tronco. Depois de um tratamento assim, você pode se sentir "recarregado", harmonioso e fortalecido. É melhor tratar flores-

tas doentes com o Tratamento a Distância (ver pp. 86-7). Trate toda a sua horta da mesma maneira. O tratamento regular aplicado à horta ou ao pomar o recompensará com uma abundância de plantas saudáveis, robustas e repletas de frutos de boa qualidade.

> *"Aves em estado de choque reagem muito bem ao calor curativo do Reiki. Elas fecham os olhos durante uns minutos antes de voar de repente."*
> ALISON

Reiki para Animais

Os animais gostam de receber Reiki e sentem imediatamente que as mãos humanas lhes dão algo especial. É raro encontrar animais que não aceitam a energia Reiki: em geral eles se acalmam e relaxam durante um tratamento, e isso os humanos devem respeitar. Normalmente, os animais lhe indicam onde pôr as mãos por meio da posição do corpo. Ao tratar um determinado órgão interno, você pode supor que a posição desse órgão, no caso dos mamíferos, é aproximadamente a mesma que nos seres humanos. A maioria dos animais de estimação (como gatos e cães) e dos animais domésticos (como vacas e cavalos) tem uma estrutura anatômica semelhante à nossa. Durante o tratamento, preste atenção às áreas do corpo que absorvem uma quantidade maior de energia. Fique mais tempo nesse ponto do que em posições neutras, exatamente como se estivesse tratando uma pessoa. É sempre bom tratar as glândulas endócrinas de um animal (ver p. 32).

Gatos, cães e outros animais tendem a ficar deitados durante todo o tempo enquanto sentem que precisam de Reiki e geralmente se levantam, ou saltam e se afastam, quando receberam energia suficiente. Um tratamento de vinte a trinta minutos quase sempre produz os resultados esperados.

Para animais que passaram por uma cirurgia, o Reiki pode ser muito benéfico se aplicado logo em seguida. Tratamentos diários subseqüentes apressam consideravelmente o restabelecimento. Antes de cirurgias e antes da anestesia, o Reiki é muito recomendado para animais grandes e pequenos. Eles aceitam de bom grado o efeito calmante de mãos de Reiki. A respiração fica mais lenta e os batimentos cardíacos se regularizam. O Reiki também os ajuda a se recuperarem mais rapidamente dos anestésicos.

É possível acalmar um animal inquieto, agitado, acariciando-o e conversando gentilmente com ele; mas quando essa técnica não funciona, faça Tratamento a Distância (ver pp. 86-7). O mesmo se aplica a animais de zoológico e aos que representam perigo para nós se tocados. Ao tratar animais domésticos maiores, como vacas ou cavalos, posicione as mãos diretamente sobre o local afetado.

Em geral, os animais gostam de ser tocados na cabeça — atrás das orelhas, embaixo do queixo e no meio da testa, logo acima dos olhos. Você pode tratar também a barriga, o peito, as costas e os órgãos da reprodução, conforme for necessário. Para peixes e pássaros, coloque as mãos ao redor do aquário ou da gaiola. Segure pequenos pássaros com uma das mãos e envolva-os com a outra. Animais em situação de emergência ou acidente e espécies ameaçadas de extinção podem ser tratados mais eficazmente com Tratamento a Distância.

Devido à coabitação, os animais de estimação tendem cada vez mais a sofrer de doenças que afetam os seres humanos, como resfriados, alergias e tumores. Como nós, os animais podem sofrer de *stress*, sentindo efeitos negativos sobre o sistema imunológico. Hoje em dia, há um número cada vez maior de veterinários que procuram adotar métodos de cura alternativos e complementares, como homeopatia, Terapia Floral de Bach e Reiki, e que os usam com sucesso em seus tratamentos.

Muitos animais ficam bastante perturbados quando são levados ao veterinário, parecendo nervosos e amedrontados. Para acalmar um animal nessas condições, ainda na sala de espera e durante o exame, ou enquanto ele recebe uma injeção, segure-o calmamente e aplique-lhe Reiki. Durante o exame, os animais ficam menos ansiosos se são tocados por mãos de Reiki. Você pode acalmar e harmonizar as fortes reações emocionais que tomam conta deles.

REIKI PARA UM GATO DOENTE

Um gato que sofria de inflamação nos rins foi levado ao veterinário. Ele estava muito magro, e seus principais órgãos não estavam mais funcionando adequadamente, por isso seu dono queria sacrificá-lo. O assistente do veterinário, porém, treinado em Reiki, começou a tratar o gato imediatamente. Este tinha pouquíssima energia vital e mal conseguia comer. Mas depois de uma semana de tratamento diário com Reiki, ele estava em condições de voltar para casa.

PRIMEIROS SOCORROS COM REIKI

Em situações de emergência, o corpo entra automaticamente numa reação do tipo "luta ou fuga". O córtex supra-renal aumenta a produção do hormônio adrenalina que sustenta nossa reação ao *stress*. O sangue transporta a adrenalina às células do corpo, despertando vivamente a pessoa e deixando-a pronta para reagir. Mas as glândulas supra-renais se esgotam rapidamente, entrando então em tensão e *stress*. Você pode ajudar pessoas nessas condições acalmando-as e equilibrando-as com Reiki.

Durante o tratamento, posicione uma das mãos sobre o chakra do plexo solar (terceiro) e a outra nas costas, na mesma altura (posição 6 do tratamento simplificado; ver p. 82). Essa posição reduz os efeitos do choque. Para tranqüilizar, coloque uma das mãos na parte posterior da cabeça (medula oblonga) e a outra sobre o chakra do terceiro olho (sexto). Se for impossível tocar as partes do corpo afetadas, dada a natureza da situação ou a posição da vítima do acidente, apenas segure uma ou ambas as mãos da pessoa.

Em caso de acidente, antes de qualquer outra providência, telefone para um médico, e depois, enquanto espera, aplique Reiki para acalmar a pessoa ferida. Se ela estiver inconsciente, não a remova, pois pode haver lesão na coluna ou no pescoço. Se ela estiver em estado de choque, coloque as mãos sobre o chakra do plexo solar ou então na região dos rins e das glândulas supra-renais (ver p. 32).

MEDO
Coloque as mãos sobre o chakra do plexo solar, sobre as glândulas supra-renais e na parte posterior da cabeça e aplique Mental Healing.

ATAQUE CARDÍACO
Chame um médico imediatamente. Enquanto espera, aplique Reiki na parte superior e inferior do abdômen, mas não diretamente sobre o coração.

PICADAS DE INSETOS
Aplique Reiki diretamente sobre a picada durante vinte a trinta minutos. Uma aplicação imediata pode impedir a manifestação do inchaço.

FERIDAS
Aplique Reiki logo acima da ferida. Depois de feito o curativo, aplique Reiki sobre ele.

Ossos Fraturados

Depois que o médico tiver posto os ossos adequadamente no lugar e engessado a área lesada, aplique Reiki através do gesso.

Choque/Acidente

Chame um médico imediatamente. Enquanto espera, aplique Reiki sobre o chakra do plexo solar e sobre as glândulas supra-renais, simultaneamente; em seguida, nos ombros.

Contusão

Aplique Reiki imediatamente e diretamente sobre a contusão, de vinte a trinta minutos.

Entorses

Aplique Reiki na área lesada durante trinta a sessenta minutos, repetindo várias vezes, de acordo com a gravidade da entorse.

Queimaduras

Aplique Reiki um pouco acima da queimadura, sem tocá-la, durante vinte ou trinta minutos, possivelmente com intervalos. A dor pode se agravar inicialmente, antes de começar a diminuir. Se a aplicação for imediata, é possível que as bolhas não se manifestem.

"Quando ouvi pela primeira vez que o Reiki pode estancar um sangramento, duvidei, mas um acidente me convenceu. Um ferimento profundo no pulso fez-me ir parar no hospital. Pus imediatamente a mão sobre o pulso e notei que o ferimento quase não sangrou mais."

Lesley

Reiki para o Stress Diário

Geralmente considera-se o *stress* uma reação do corpo às pressões da vida diária. Não conseguindo suportá-las, é provável que você reaja com sintomas de *stress* físico, emocional e mental. Se você sofrer de *stress* por um período prolongado, o corpo perderá a vitalidade e a elasticidade. Você se torna suscetível a doenças; aborrece-se, fica medroso, deprimido ou zangado, exausto e irritadiço; fica confuso, incapaz de pensar com clareza ou de tomar decisões acertadas. Espiritualmente, você pode se sentir vazio, não encontrando alegria na vida, apenas tédio.

Se o *stress* aumenta, o acúmulo leva a distúrbios contínuos na área físico-espiritual. São sintomas comuns de *stress* a dificuldade para pegar no sono e dormir, as dores de cabeça, os medos injustificados, a ansiedade, a fadiga crônica, a dificuldade de concentração e aprendizado, o aborrecimento, a irritabilidade, as dores de estômago, os problemas digestivos, os resfriados, as explosões de raiva e os excessos no comer, beber ou fumar. Essas reações podem afetar relacionamentos profissionais e pessoais.

No caso de tristeza, raiva, depressão, medo, frustração, ódio, culpa, pena de si mesmo e solidão, o Reiki o ajuda a adquirir e a manter a força e a clare-

Meditação do Riso
Você pode fazer essa meditação com os olhos abertos ou fechados.
- *Ao acordar, pela manhã, espreguice e dobre todo o corpo, como um gato, antes mesmo de abrir os olhos.*
- *Depois de alguns minutos, comece a rir. Apenas levante os cantos da boca e ria, mesmo se não sentir vontade. Logo o riso forçado induzirá o riso real e espontâneo. Essa prática mudará toda a natureza do seu dia.*

za interiores. Você aprende a aceitar os sentimentos e a atravessar os processos dolorosos, saindo deles fortalecido.

A Dor Subjacente

O Reiki o ajuda a vivenciar a raiva, o medo, a culpa e a entrar em contato com a dor subjacente a esses sentimentos. Fazendo isso, você abre o coração, começa a amar a si mesmo e abandona as emoções negativas. Quando percebe e compreende as causas dessas emoções, você aprende a transformá-las. Então, o medo e a raiva dão lugar à confiança, ao amor e à união; a depressão e a culpa mudam-se em alegria de viver, vitalidade e coragem. Você procura dentro de si mesmo e tenta descobrir onde estão os pontos de apego aos sentimentos negativos. É nesses pontos que você põe as mãos.

Com o Reiki você pode harmonizar os sentimentos negativos com uma vibração energética superior. A energia vital universal permite que você transforme sentimentos de freqüência inferior em sentimentos positivos de freqüência superior.

> *"Tive uma sensação maravilhosa de paz e tranqüilidade*
> *e me senti energizado e centrado."*
> Gill

Emoções Reprimidas

A maioria das pessoas reprime ou dissimula seus sentimentos negativos, preferindo não reconhecê-los. Ao reprimir essas emoções sombrias, você esgota a energia vital. Mas como não quer sentir, você se desliga também das emoções positivas. Usando Reiki regularmente, você desenvolve o bem-estar e a harmonia em todos os níveis. Seu corpo fica vitalizado e saudável e você se sente emocional e mentalmente equilibrado. E aprende a assumir a responsabilidade por sua saúde e bem-estar.

O ditado "rir é o melhor remédio" tem mais que um grão de verdade (ver página oposta). O riso estimula a glândula timo, o que fortalece o sistema imunológico. Rindo com freqüência, você vê as coisas de uma perspectiva mais positiva e deixa de se levar tão a sério, não se identifica mais tão fortemente com os problemas. O riso embala o coração, levando-o a liberar energias negativas. Ele também vitaliza o corpo, simplesmente porque, ao rir, você respira mais profundamente. O riso massageia o coração e é realmente o melhor remédio que existe. O riso é contagiante!

"O Reiki é uma dádiva extraordinária. Ele tem me ajudado muito. Estou mais calma, minha intuição está mais aguçada, e meus olhos vêem um mundo muito mais bonito." DIANE

REIKI PARA PROBLEMAS EMOCIONAIS

Ao perceber emoções negativas dentro de si mesmo ou em outras pessoas, coloque as mãos diretamente sobre o local onde você ou o receptor sente a emoção. As posições da cabeça acalmam os pensamentos e o mau humor. Elas o põem em contato com qualidades positivas como confiança, segurança, intuição e paz.

Minha meditação está mais intensa e enriquecida com o Reiki.
VALERIE

MEDO E APREENSÃO

Coloque as mãos nas Posições da Cabeça Um e Quatro (ver pp. 62-3 e 68-9 para todas as posições da cabeça). Isso relaxa e ajuda a afastar emoções negativas. As Posições Frontais Um e Três (ver p. 64) lhe dão força, alegria de viver e confiança. A Posição Dorsal Três (ver pp. 65, 72) fortalece os nervos e relaxa as glândulas supra-renais. Mantenha as mãos em cada posição por cinco minutos ou o tempo necessário para que o equilíbrio emocional se restabeleça.

HUMOR INSTÁVEL E DEPRESSÃO

Para equilibrar o humor e elevar o espírito, aplique as Posições da Cabeça Dois e Quatro, as Posições Frontais Um e Três e, por dez minutos pelo menos, a Posição Dorsal Três. As posições da cabeça equilibram as funções das glândulas pituitária e pineal, que governam o equilíbrio hormonal. Há também um aumento da secreção das chamadas endorfinas, os "hormônios da felicidade" próprios do corpo. As Posições Frontais Um e Três favorecem o sentimento de auto-estima, pondo-nos mais rapidamente em contato com nossa força interior.

ATIVIDADE MENTAL INTENSA

Diante de uma tarefa mental desgastante, como a elaboração de um discurso, aplique as Posições da Cabeça Dois e Quatro para ativar a memória de curto e longo prazo. Sentindo-se nervoso, coloque uma das mãos sobre o chakra do plexo solar e a outra sobre o chakra do terceiro olho (ver "Harmonização de Chakras", pp. 88-9). Um excedente de energia na cabeça pode então ser enviado para o plexo solar. A energia se harmoniza nos níveis racional e emocional, favorecendo o relaxamento e dissipando o medo.

STRESS E PREOCUPAÇÃO

Sempre que você estiver sob *stress*, aplique a Posição Dorsal Três sobre os rins. Nesse ponto estão as glândulas supra-renais, que produzem a adrenalina, o hormônio do *stress*. Aplicando-se essa posição, você relaxa e alivia a pressão sobre as glândulas, diminuindo a produção de adrenalina. Se você tende a se preocupar com freqüência, aplique-se um tratamento todos os dias para fortalecer a confiança e a auto-estima. Use também as Posições da Cabeça Um e Dois, a Posição Frontal Um, no centro do peito, e a Posição Dorsal Três, sobre os rins. Nesse caso, mantenha cada posição de cinco a quinze minutos.

Autotratando-se com Reiki regularmente, será muito mais fácil desenvolver uma atitude lúcida e positiva com relação a si mesmo e à vida em geral.

"Desde o Segundo Grau de Reiki, muitos aspectos emocionais e mentais da minha vida vêm se tornando cada vez mais claros. O Reiki está mexendo comigo."

BOB

INSÔNIA

Se você não consegue dormir à noite, aplique-se um tratamento todos os dias. As Posições da Cabeça Um, Dois e Quatro ajudam a desligar e dormir mais facilmente. Como alternativa, deite-se de lado, na chamada posição fetal (ver também posição de "Auxílio ao Sono", p. 53).

RELACIONAMENTOS PESSOAIS

O Reiki é o meio perfeito para aproximar-se de outras pessoas. Você não apenas cura feridas e disfunções mentais e emocionais, mas também, com o tempo, desenvolve uma proximidade especial com outra pessoa que não fazia parte de sua vida antes.

APROFUNDANDO A INTIMIDADE

O fluxo da energia Reiki pode levá-lo a um contato mais íntimo com sua capacidade de amar; ele também intensifica o relacionamento com as pessoas em geral. A Posição Frontal Um (ver p. 70) ativa o chakra do coração (quarto) (ver p. 33) e potencializa os sentimentos positivos de alegria, felicidade e contentamento. Você começa a ver o próximo com olhos de amor incondicional.

Para melhorar e fortalecer seu relacionamento com alguém, faça o exercício "De Coração a Coração" (ver página oposta). Esse exercício ajuda também a prevenir discussões e desavenças.

RAIVA E IRRITAÇÃO

Quando você está com raiva e tomado por uma indignação incontrolável (literalmente "vermelho de raiva"), posicione as mãos sobre o chakra do coração, na Posição Frontal Um. Em seguida, desloque-as para as Posições Frontais Dois e Três (ver p. 64). O contato com os chakras do coração e do plexo solar (ver p. 33) relaxa e devolve o equilíbrio às energias emocional e mental. Você também pode descansar as mãos na região dos rins, na Posição Dorsal Três (ver p. 65). Essa posição acalma e fortalece os nervos, permitindo-lhe soltar-se mais facilmente. As técnicas do Segundo Grau são particularmente eficazes no tratamento de muitos problemas psicológicos e espirituais.

Com os poderosos símbolos secretos do Segundo Grau (ver teoria, pp. 40-2), você pode usar a energia de cura especificamente para identificar causas e eliminar problemas mentais e espirituais profundamente enraizados, tanto em você mesmo como em outras pessoas.

"Senti um brilho de luz, amor e alegria abrindo-se no meu chakra do coração. A energia me inundava, penetrando em todas as partes do meu ser, tocando-me, abrindo-me, curando-me."

PAMELA

Exercício "De Coração a Coração"

Fazendo este exercício durante alguns minutos todos os dias, você e sua parceira (ou parceiro) desenvolverão uma grande capacidade de amor incondicional. Se vocês discutirem, procurem fazer o exercício logo depois do desentendimento, se possível. Uma boa alternativa é fazerem-no reclinados ou deitados, um olhando para o outro. Uma música de fundo apropriada e suave também pode ajudar.

➤ Sentem-se de frente um para o outro, de modo que, estendendo o braço, ambos possam alcançar o chakra do coração do parceiro, no centro do peito.
➤ Pouse a mão direita sobre o chakra do coração da parceira e a esquerda sobre a mão dela.
➤ Em seguida, olhem-se nos olhos durante dois ou três minutos; fechem então os olhos. Ambos poderão vivenciar um forte sentimento de amor e unidade. Fiquem nessa posição o tempo que quiserem — talvez de quinze a vinte minutos.

Aplicações do Reiki

Com as técnicas do Segundo Grau, você pode amplificar significativamente o fluxo da energia Reiki.

Limpeza de Ambientes

Use o Reiki para limpar e energizar objetos e ambientes. Essa aplicação é muito útil quando, em viagens, você precisa hospedar-se em hotéis, ou quando sente que o quarto que você ocupa está impregnado de energia negativa. Com a energia vital universal, potencializada com o primeiro símbolo (ver teoria, pp. 40-2), você pode livrar a atmosfera do quarto de influências negativas e preenchê-la com vibrações harmoniosas. Essa é uma boa maneira de limpar sua sala de atendimento antes de aplicar um tratamento.

Objetos

Como a matéria (objetos) consiste em vibração condensada, é possível aplicar um tratamento de Reiki até nas coisas mais comuns, como um enguiço no carro, uma fechadura emperrada, máquinas e aparelhos. Quando essas coisas não estão quebradas, mas apenas deixam de funcionar adequadamente, o Reiki pode ser de grande ajuda.

Energizando a Comida e a Bebida

Energize o que você vai comer e beber com a força do Reiki e aumente o poder nutritivo de sua refeição. Por exemplo, se você almoça ou janta em restaurantes com freqüência, altere a vibração do alimento e purifique-o usando o primeiro símbolo e mantendo as mãos sobre o prato por alguns instantes. Use o mesmo símbolo ao preparar a comida, como por exemplo ao assar pão ou misturar a salada.

Aumentando a Energia

Você pode aumentar a energia disponível durante um tratamento de Reiki usando o primeiro símbolo antes de impor as mãos. Use o símbolo nas áreas sobre as quais você quer aumentar o fluxo de energia ou também antes de cada posição das mãos.

Proteção Pessoal

Use o primeiro símbolo na vida diária como proteção contra energias externas. Se você se sentir energeticamente pressionado ou perturbado por outras pessoas, por exemplo em salas apinhadas, em eventos públicos, ou em ônibus e trens, visualize o símbolo na sua frente e construa energeticamente uma tela protetora.

Centramento

Antes de um tratamento, centre-se com a ajuda do primeiro símbolo, desenhando-o à sua frente. Além de ajudá-lo a centrar-se, esse procedimento também o conscientiza de que você é um canal da energia vital universal.

Meditação

O Reiki pode fazê-lo alcançar um excelente estado meditativo. Ele toca camadas profundas e o põe em contato com o âmago do seu ser, ou a alma. Nesse espaço recôndito, você entra em contato com sua fonte e se sente ligado ao todo. Você pode ainda usar o poder do primeiro símbolo para estar mais presente em sua meditação. Assim fazendo, você cria uma vibração mais elevada de energia de luz em você e ao seu redor, o que facilita a elevação do nível de consciência e a observação do corpo, dos pensamentos e dos sentimentos. Na meditação, você se entrega e relaxa, permitindo-se mergulhar em seu ser mais profundo. Nesse estado, não há querer nem fazer. Na meditação, você vive momentos de silêncio e paz. A "Meditação da Paz" (ver p. 115) o põe em contato com o chakra do coração.

Tratamento de Cristais e Outros Minerais

Você pode tratar minerais, como cristais, pedras preciosas e jóias muito eficazmente com Reiki. As jóias podem ser uma fonte a mais de energia positiva. Segure o objeto debaixo de água corrente fria por dois ou três minutos e em seguida imponha as mãos sobre ele. Amplificando a energia com o primeiro símbolo, os minerais se recarregam rapidamente com energias positivas.

Caixa de Tratamento do Reiki

Usando os símbolos apropriados do Reiki (ver teoria, pp. 40-2), você pode tratar vários temas, pessoas e áreas problemáticas ao mesmo tempo usando a Caixa de Tratamento do Reiki. É uma caixinha feita de madeira, papelão ou qualquer material que não seja metal. Use os três símbolos para enviar energia de cura amplificada (em todos os planos) a uma pessoa, a um tema não resolvido (talvez um evento da infância) ou a uma situação difícil.

➤ Escreva o tema do tratamento ou o nome da pessoa num pedaço de papel e carregue-o com energia de cura usando os símbolos. Use a fotografia da pessoa se você não a conhecer pessoalmente.

➤ Trate cada tema e cada pessoa individualmente e em seguida deposite o papel, ou a fotografia, na caixa.

➤ Faça a energia Reiki fluir para a caixa.

➤ Aplique Reiki à Caixa de Tratamento todos os dias durante uma semana. Depois disso, reavalie a urgência dos temas e, se necessário, recarregue a caixa energeticamente com os símbolos.

*"Desde o Segundo Grau, venho esclarecendo muitos
aspectos emocionais e mentais da minha vida.
O Reiki está me ajudando muito. Sinto-me mais calma,
minha intuição está mais aguçada e eu aceito melhor a vida."*
SARAH

REIKI E OUTRAS TERAPIAS

A técnica do Reiki pode ser combinada com muito sucesso com outras terapias. O Reiki ativa a energia de cura natural em nós e nos outros, e é totalmente seguro. Muitos terapeutas complementam e enriquecem seu trabalho com a energia Reiki. Podemos associar de modo excelente o Reiki com massagem, shiatsu, acupuntura, acupressura, quiroprática, Terapia da Cor Aura Soma, Florais de Bach, homeopatia, terapia da respiração, polaridade, Rolfing, terapia craniossacral, hipnose, reflexologia, aromaterapia, massagens cosméticas e muitas outras artes de cura complementares.

Visto que em trabalhos de corpo, como massagem, acupuntura ou quiroprática, sempre tocamos com as mãos, o Reiki flui automaticamente para o receptor em cada tratamento. Alguns praticantes de Reiki que são também massagistas e aromaterapeutas relatam que seu trabalho nessas áreas mudou positivamente e se enriqueceu desde que receberam o Primeiro Grau de Reiki. Ficou mais agradável aplicar os tratamentos, e eles próprios se sentem mais em contato com seu lado intuitivo. Eles percebem exatamente o que é melhor para o receptor no momento e já não se exaurem tão rapidamente. Também conseguem deixar as mãos por mais tempo em algumas partes do corpo.

Freqüentemente, o receptor sente muito mais intensamente esse tipo de toque, pois sua experiência pessoal também se estende às esferas emocional e mental. Com o Reiki, um massagista fica mais bem protegido contra a absorção de possíveis vibrações negativas do paciente. Muitos terapeutas sentem que sua terapia está mais holística e vai além do mero plano físico quando complementam sua prática com Reiki.

O Reiki pode atuar em conjunto com muitas outras terapias além das citadas. Se você trabalha com pessoas, seja com aromaterapia, renascimento ou psicologia, o uso da energia Reiki sempre cria uma estrutura harmônica em que os processos de crescimento e cura individuais geralmente avançam com menos esforço e mais eficácia. Disponha-se a experimentar e aplicar a energia Reiki em sua especialidade. Talvez você descubra sua forma pessoal de curar.

MASSAGEM

O Reiki é ideal para combinar com a massagem. O Reiki em si não é uma técnica de massagem, e você não deve aplicar nenhuma pressão nem usar movimentos circulares ao aplicá-lo. Apresento nesta seção algumas sugestões para combinar Reiki e massagem. Elas são específicas para profissionais que adotam técnicas de massagem recomendadas, as quais não posso apresentar aqui. Se você for massagista, procure trabalhar com essas sugestões; caso contrário, não as aplique.

No início da massagem, comece com a Posição da Cabeça Um (ver posições da cabeça, pp. 68-9). Essa posição relaxa o receptor e dirige a energia para dentro. Em seguida, massageie os lados da garganta e a nuca durante alguns minutos. Massageie também a região da medula oblonga e, com movimentos circulares, o osso da parte posterior da cabeça.

Em seguida, adote a Posição da Cabeça Quatro e segure a cabeça. Você poderá notar que depois de alguns minutos o receptor relaxa mais profundamente e solta toda a tensão. Essa posição transmite confiança e segurança. Depois disso, faça uma massagem completa no rosto e na cabeça com as técnicas apropriadas.

Aplique então as Posições da Cabeça Dois e Três e deixe que a energia vital universal flua para essas regiões. Depois massageie toda a parte anterior do corpo, trabalhando da cabeça aos pés. Use um óleo apropriado para que as mãos deslizem com suavidade sobre o corpo do receptor. Sempre que achar conveniente, mantenha as mãos um pouco mais sobre determinado local entre os movimentos da massagem individual e os movimentos circulares. Você pode também manter as mãos por mais tempo sobre as partes já massageadas. Confie em sua intuição e deixe-se levar por suas mãos. Assim, você fará exatamente a coisa certa no momento certo. Os bloqueios físicos e as energias liberadas pela massagem começam a se soltar e derreter prontamente.

"O Reiki reduz o meu ritmo e me faz rejuvenescer.
Adoro aplicar Reiki nos meus amigos e familiares.
O Reiki funciona!"

ALEXANDER

Prossiga até os pés. Peça então ao receptor que deite em decúbito ventral. Massageie os pés e as pernas, de baixo para cima. Depois de massagear toda a parte posterior do corpo, trate a mesma área com Reiki. Use as Posições Dorsais de Um a Cinco (ver pp. 72-3). No final, trate os joelhos e coloque as mãos na sola dos pés. O tratamento dos joelhos é importante, porque neles acumulamos emoções e medos, principalmente o medo de morrer.

Todos temos medo do novo e do desconhecido, e tendemos a temer a mudança. É comum nos apegarmos a opiniões preconcebidas, hábitos e humores variados. Atualmente, passamos por muitas mudanças radicais (consciente ou inconscientemente), e nossos joelhos precisam de muita atenção e energia. Um ponto apropriado para terminar o tratamento são os pés, porque na sola dos pés estão as zonas reflexas que se relacionam com vários órgãos e partes do corpo.

Uma aluna de Reiki relatou que, depois do seminário do Primeiro Grau, ela e uma amiga trocaram tratamentos. Quando a amiga lhe tocou os joelhos, afluíram à sua mente todas as cenas e lembranças esquecidas da morte do namorado, ocorrida subitamente alguns meses antes.

A aluna de Reiki havia reprimido essa experiência. Ela também se deu conta então de que vinha tendo problemas crescentes nos joelhos desde essa perda. Graças ao tratamento de Reiki, grande parte da tensão nos joelhos foi liberada. A dor desapareceu completamente e ela pôde retomar suas longas caminhadas.

MEDICINA ALOPÁTICA

Você pode usar o Reiki eficazmente com a medicina alopática, uma vez que ele enriquece todas as formas de tratamento médico, sempre apoiando os processos de cura do corpo. O Reiki não reduz o efeito da medicação ou de outros tratamentos médicos, mas apóia o corpo com sua ação desintoxicante e harmonizadora.

No entanto, há uma ressalva. O Reiki não deve ser aplicado durante uma cirurgia, o que seria possível com o Tratamento a Distância. A experiência mostra que uma aplicação de Reiki nessas circunstâncias reduz o efeito da anestesia, pois a energia de cura a enfraquece. Por isso, aplique Reiki antes ou depois da cirurgia, nunca durante. Antes da operação, o Reiki acalma o receptor; depois da operação, ele ajuda o corpo a recuperar-se da anestesia e do choque da cirurgia.

O Reiki reforça a função desintoxicante dos rins e do fígado e ajuda o corpo a eliminar substâncias narcóticas.

Ossos quebrados podem beneficiar-se com o Reiki, mas é de fundamental importância que os ossos estejam perfeitamente no lugar antes do tratamento. Cumprida essa condição, o Reiki aliviará a dor e acelerará significativamente o processo de cura.

O Reiki não substitui tratamentos ou remédios convencionais, mas aumenta sua eficácia. O Reiki pode ser especialmente benéfico quando o receptor está fraco e doente, como, por exemplo, depois de um acidente grave ou de uma cirurgia, e precisa ser tratado com drogas alopáticas. Em circunstâncias assim, o Reiki acelera o processo de cura.

Tratamento Psiquiátrico

O Reiki pode ser usado com sucesso na psiquiatria. Entretanto, é muito importante e recomendável, especialmente no caso de pacientes com neuroses, psicoses e distúrbios de personalidade, trabalhar em estreita colaboração com o terapeuta responsável. Ele tem condição de identificar as complicações que podem se manifestar durante o tratamento.

Um homem que estava com depressão e prestes a receber eletroterapia teve problemas cardíacos e não pôde ser medicado. Sua tensão e nervosismo aumentaram enquanto ele esperava os resultados dos exames médicos.

Uma aluna de Reiki lhe propôs uma sessão para relaxar. Depois do tratamento, essa aluna mencionou que nunca havia aplicado Reiki em uma pessoa tão tensa. Durante o tratamento, porém, ela ficou agradavelmente surpresa ao ver como o homem conseguiu soltar-se e relaxar. Num curto período, ele recebeu mais dois tratamentos que diminuíram sensivelmente seus medos, podendo então ser tratado com eletroterapia, como planejado.

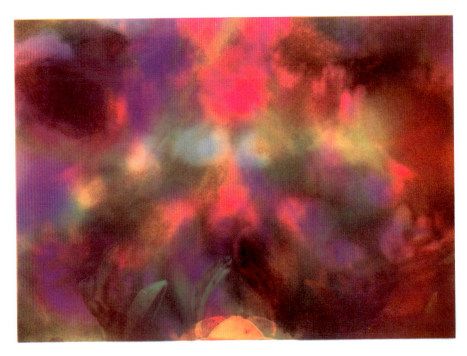

"O Reiki me deixou mais satisfeita comigo mesma. Ele também me ajudou a entrar em contato com meus sentimentos, coisa que eu dificilmente faria, pois não saberia como controlá-los. Agora me sinto segura, porque tenho um instrumento para usar." **Emma**

HIPNOSE

A técnica da hipnose e o método do Reiki se complementam muito bem. Um tratamento de Reiki pode ser aplicado antes, durante ou depois da sessão de hipnose. Assim fazendo, você simplifica o contato direto do receptor com a consciência de eventos do passado, do presente e do futuro. Por outro lado, a hipnose também potencializa um tratamento de Reiki completo, pois a pessoa relaxa rápida e profundamente no estado hipnótico.

Se conhecer a técnica da auto-hipnose, você pode viver uma experiência totalmente nova com o Reiki. Grave uma auto-indução à hipnose e então trate-se com Reiki. Outra possibilidade é usar os efeitos combinados da hipnose e do Reiki para concentrar-se em certos tópicos específicos.

A hipnose em combinação com o Reiki é especialmente apropriada para abordar temas como depressão, síndrome de abstinência de drogas, traumas da infância, desordens alimentares como bulimia e anorexia e várias enfermidades psicossomáticas. Além disso, é possível usar a hipnose para abordar diversos temas relacionados com o desenvolvimento pessoal.

JEJUM

O jejum é um método antigo usado para curar um grande número de doenças, como distúrbios renais e hepáticos, artrite, asma, problemas digestivos, erupções cutâneas e pressão alta. A energia Reiki favorece todos os tipos de jejum. Ela abranda os efeitos colaterais desagradáveis dessa prática e acelera a eliminação das toxinas que são ativadas pelo jejum. A energia Reiki também fortalece o sistema imunológico durante esse período de alimentação reduzida. O ideal é aplicar um tratamento completo todos os dias enquanto durar a abstinência.

TERAPIA FLORAL DE BACH

Essa terapia foi desenvolvida na década de 30 pelo médico inglês dr. Edward Bach. Com a ajuda da intuição e da sensibilidade, ele pesquisou e descobriu o efeito curativo das flores de certas plantas. E comprovou que as essências florais harmonizam conflitos no plano mental-espiritual.

Através de um método simples e natural, o dr. Bach conseguiu extrair as freqüências de energia dessas flores e conservá-las numa essência floral. Ele então observou que doenças causadas por desequilíbrios emocionais ou por atitudes mentais equivocadas desapareciam pouco depois da ingestão dessas essências florais.

Bach fala de um conflito mental-espiritual como o que ocorre quando a pessoa perde o contato com a alma, não recebendo mais os impulsos sutis que podem achar expressão, por exemplo, através da intuição ou da consciência. Quando o conteúdo que a alma quer expressar não coincide mais com o que a personalidade expressa, a pessoa sofre de um conflito mental-espiritual e adoece. Cada floral desenvolvido por Edward Bach vibra numa freqüência de energia específica, correspondendo a uma freqüência energética positiva da alma.

Quando estamos bloqueados, a personalidade só recebe os impulsos da alma de forma distorcida, quando recebe. Então sofremos de estados de espírito negativos, como raiva, depressão ou medo. Num estado assim, se ingerimos a essência floral correta, podemos redirecionar nossos sentimentos positivamente.

Segundo a Terapia Floral de Bach, os bloqueios mentais-espirituais de uma pessoa podem ter efeitos individualmente diferentes no plano físico, por isso nenhuma essência floral específica pode ser prescrita a uma doença específica. Seja qual for a doença, o mais importante é descobrir a natureza do bloqueio mental-espiritual da pessoa que procura orientação e como esse bloqueio se expressa. É em coerência com esse princípio que o terapeuta floral elabora a combinação correta específica para o cliente. A essência é então ingerida sob a forma de gotas por um período aproximado de três a seis semanas ou mais.

Com a ajuda do Reiki, o frasco com o floral pode então ser enriquecido com a energia vital universal. Como a energia Reiki, do mesmo modo que a essência floral, consiste em vibrações sutis, esses dois métodos se complementam perfeitamente bem. Os florais de Bach têm um efeito harmonizador sobre a mente, e em conseqüência acalmam o corpo físico. A combinação do Reiki com a terapia floral é muito apropriada, especialmente para pacientes emocionalmente instáveis e desequilibrados. As essências florais ajudam a reduzir medos, inibições, traumas e choques, fazendo-os emergir suavemente à consciência e encaminhando-os a uma solução.

Muitas pessoas usam a Terapia Floral de Bach para prevenir e tratar condições mentais e espirituais desarmoniosas. Combinando essa terapia com o *Mental Healing*, podemos tratar e harmonizar as emoções e, nesse processo, conhecer a causa subjacente ao problema. Com as essências, conseguimos equilibrar nossas energias mais facilmente.

Segure o frasco com o floral de Bach preparado em uma das mãos e cubra-o com a outra mão, mantendo os dedos unidos. Deixe a energia Reiki fluir para o frasco durante alguns minutos. Use o primeiro símbolo para aumentar a eficácia da preparação.

Tratei uma criança de um ano de idade com Reiki e com gotas de *Rescue* (uma mistura de sete diferentes essências florais). Em conseqüência de uma crise no relacionamento dos pais e de um ataque de meningite do qual ela ainda não se recuperara completamente, a criança estava física e emocionalmente debilitada e desequilibrada. Segundo os pais, ela era também um tanto lenta para a idade. Pinguei algumas gotas de emergência na boca da criança no começo do tratamento. Ela relaxou imediatamente e parou de chorar. Então tratei mãe e filho com Reiki. Durante o tratamento, a criança deu a impressão de recuperar-se de um cansaço profundo. Deixei as gotas de emergência com a mãe para que ela as ministrasse à criança diariamente durante umas quatro semanas. Passada uma semana, a mãe telefonou para dizer-me que seu filho estava muito melhor. A febre e as manchas no corpo, sintomas da meningite, haviam desaparecido completamente três dias depois do tratamento. A criança também voltou a ser ativa e esperta e rapidamente retomou seu processo de desenvolvimento.

TERAPIA DA COR AURA SOMA

No início da década de 80, a farmacêutica inglesa Vicky Wall criou a Terapia da Cor Aura Soma. Esta forma de terapia holística combina os efeitos curativos de cores, plantas, pedras preciosas e perfumes. Vicky, que era cega, recebeu a inspiração para as primeiras essências Aura Soma durante a meditação. Ela não via as cores brilhantes que surgiam quando misturava os ingredientes. O efeito combinado de cores, óleos etéreos e energias de pedras preciosas confere a essas substâncias uma vibração intensa.

MEDITAÇÃO DA PAZ
Você pode fazer esta meditação sentado ou deitado — por exemplo, na cama, logo ao acordar ou antes de adormecer.
➤ *Sente-se ereto e relaxado, feche os olhos e respire naturalmente.*
➤ *Coloque a mão direita debaixo da axila esquerda e a mão esquerda debaixo da axila direita. Relaxe e dirija toda a sua atenção à região do peito entre as duas mãos.*
➤ *Deixe que uma sensação de paz brote de seu coração. Apenas relaxe e dirija a atenção para essa sensação.*
➤ *Quando está centrado, presente e relaxado, você entra naturalmente em contato com sua paz interior. O coração se tranqüiliza e emite vibrações harmônicas que você vivencia como amor e paz.*
➤ *Fique nessa posição de dez a quinze minutos, saboreando essa sensação.*

"Uso o Reiki para equilibrar minhas energias e fortalecer-me.
Os dois primeiros graus me ajudaram muito em minha
jornada espiritual."
MARK

As essências Aura Soma que Vicky produziu sob orientação espiritual dividem-se em três categorias: Óleos de Equilíbrio, aplicados diretamente à parte afetada do corpo, Sachês e Quintessências-Mestras, para impregnar a aura. O termo "aura" descreve o campo eletromagnético que envolve cada um de nós e que pode ser visto por pessoas sensitivas. Com um Sachê ou uma Quintessência, podemos infundir uma cor específica, e com ela as vibrações de cura da essência Aura Soma, em nosso campo energético. As essências agem sobre a aura sutil para produzir efeito sobre o corpo físico. As cores desencadeiam emoções: um matiz azul exerce um efeito calmante, um vermelho forte é sempre estimulante, o rosa tranqüiliza e revigora o coração.

Com um Sachê ou uma Quintessência, podemos limpar e tratar a aura. Quando aplicamos as Quintessências-Mestras, como acréscimo introduzimos as energias-mestras na aura e entramos em sintonia com as qualidades dessas energias. A essência *Lady Nada*, por exemplo, ajuda-nos a transformar energias negativas em positivas e abranda a agressividade.

"Com o Reiki entrei em contato com meu ser mais profundo,
algo que eu jamais experimentara antes. De repente,
eu me conheci, e também soube que ninguém
tiraria isso de mim."
MARIANNE

Reiki e Aura Soma formam uma boa combinação. Você pode usar um Sachê apropriado ou uma Quintessência no início do tratamento de Reiki para alisar a aura do receptor. Escolha a essência intuitivamente ou seguindo sua sensibilidade, que lhe diz o que é apropriado para o receptor. Por exemplo, algumas pessoas precisam da cor verde para ter um espaço interior maior e para centrar-se. Depois do tratamento, purifique-se energeticamente com uma Quintessência ou um Sachê. A Quintessência *Serapis Bey* e o Sachê Branco são muito apropriados para a limpeza energética entre um tratamento e outro. Em seminários de Reiki, é proveitoso, especialmente antes da transmissão de energia, limpar a aura com essências Aura Soma. O ritual de limpeza é sempre recomendado para entrar em sintonia e antes da meditação.

REIKI PARA PROFISSIONAIS DA SAÚDE

O método do Reiki é especialmente proveitoso para médicos, pediatras, enfermeiros, psicólogos, terapeutas não médicos, fisioterapeutas e para todos os que trabalham com pessoas idosas. Pacientes em UTIs também podem receber grandes benefícios do Reiki. Os bebês e as crianças são muito receptivos às energias, pois seus sentidos ainda não desenvolveram os mecanismos de defesa e proteção dos adultos.

Anos atrás, numa visita a uma amiga no hospital, ao percorrer um longo e deserto corredor da enfermaria, ouvi um bebê chorando muito. Como não vi ninguém por perto, aproximei-me do berço e coloquei minha mão a poucos centímetros da moleira do bebê, que parou de gritar imediatamente. Fiquei impressionada e agradavelmente surpresa com essa reação tão rápida.

*"O Reiki acalma as pessoas que estão à beira da morte.
Elas relaxam — quase como se não pertencessem
a esta vida nem à próxima."*

UM ALUNO DE REIKI, FUNCIONÁRIO DE UM HOSPITAL DO CÂNCER

AJUDANDO IDOSOS E DOENTES

Nas profissões de cura e atendimento, onde o contato humano normal é importante, o toque físico, as terapias e as massagens ganham uma qualidade bem diferente quando incluem o Reiki. Pessoas idosas e doentes se beneficiam com ele em muitos níveis.

Em nossa sociedade, as pessoas idosas muitas vezes se sentem inúteis e "postas de lado". Como nossas condições de vida mudaram muito e a estrutura familiar típica foi enfraquecendo aos poucos, com freqüência as pessoas idosas ficam desorientadas e não se sentem valorizadas, especialmente pelas gerações mais jovens. Muitas vivem afastadas dos parentes em casas criadas exatamente com esse objetivo. Quando a satisfação com a vida diminui, elas adoecem com mais freqüência e, devido a sua condição, são deixadas na cama. A energia vital universal do Reiki pode tratar e energizar pessoas nessas condições.

Para aplicação do Reiki em pessoas idosas, elas podem ficar sentadas (ver pp. 80-3). É interessante também abreviar o tratamento — em torno de vinte a trinta minutos. Embora o corpo sempre absorva a quantidade de energia vital universal de que precisa, um tratamento longo de Reiki pode exaurir o idoso. Às vezes, basta apenas segurar a mão ou colocar as mãos sobre os ombros da pessoa que precisa de ajuda, pois o Reiki flui com cada contato.

REIKI PARA MORIBUNDOS

Na sociedade atual, a morte e o morrer ainda são questões cercadas por fortes tabus, embora possamos perceber algumas mudanças nesse sentido. Temos medo de morrer, e a morte é a pior coisa que pode nos acontecer. Mas faz parte da vida e é um processo natural. Pode ser uma experiência de total realização, libertação e plenitude, independentemente do momento em que sejamos por ela surpreendidos. Nascimento e morte são transformações para outra forma de existência. Na morte, deixamos o plano físico, e nossa essência imortal, a alma, passa para o estágio seguinte em seu processo de desenvolvimento.

Com o Reiki, podemos amparar e tornar esse processo de transição menos penoso para a pessoa que está prestes a passar por ele. É suficiente você segurar a mão do moribundo e tratá-lo com energia Reiki. Ele se sentirá protegido e a morte, ou a passagem para a outra dimensão, será menos difícil. O Reiki acalma a pessoa, sem interferir no processo natural de morrer. Também é possível acompanhar a morte de animais com o mesmo tipo de tratamento de Reiki.

"Dois pacientes que tratei relaxaram tanto que pareciam estar prontos para partir. Senti que estavam muito próximos da morte, bastando apenas dar um último passo. Eles relaxaram profundamente e pararam de respirar."

UM ALUNO DE REIKI,
FUNCIONÁRIO DE UM HOSPITAL DO CÂNCER

O Reiki em Grupo

No tratamento em grupo, você pode partilhar a energia com outros canais de Reiki. A duração do tratamento geralmente é menor que a do tratamento normal. A força do Reiki flui com maior intensidade, a energia fica mais ativa, e o efeito é significativamente mais profundo. Num grupo de cinco ou seis, uma pessoa por vez é tratada pelas demais.

Os tratamentos em grupo são especialmente eficazes em casos de doença grave. Para resultados melhores, porém, em geral são necessários um ou mais tratamentos em grupo diários por um período prolongado, o que exige um certo compromisso de todos os membros do grupo.

No início do tratamento, uma pessoa alisa a aura do receptor (ver p. 67). Em seguida, uma pessoa trabalha na cabeça, enquanto duas outras se concentram nos lados direito e esquerdo do corpo. Uma dessas duas trata também a região interna das coxas e os joelhos, e a outra, os pés e a sola dos pés.

A parte anterior do corpo deve ser tratada durante uns dez minutos; o receptor então se deita em decúbito ventral para receber tratamento nas costas e na parte posterior das pernas por outros dez minutos. No fim, uma pessoa alisa novamente a aura do receptor. Os membros do grupo devem organizar-se para que todos tenham oportunidade de ser o receptor.

Grupos Pequenos

Num grupo de três pessoas, uma é o receptor, a segunda começa na cabeça, e a terceira aplica as posições da parte anterior do corpo. Quando o receptor se vira, as outras duas aplicam as posições da parte posterior do corpo simultaneamente, incluindo os joelhos e a sola dos pés. Os dois lados do corpo são tratados durante cerca de quinze minutos. Em seguida, outro receptor se deita, e assim sucessivamente. É interessante pôr uma música de fundo suave, que convide à meditação, e talvez também queimar incenso ou óleos para criar uma atmosfera relaxante.

O Sanduíche de Reiki

Outra forma de tratar em grupo de três é o Sanduíche de Reiki. Nessa técnica, um dos participantes se senta no meio, e os outros dois o tratam simul-

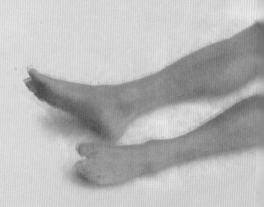

taneamente pelas partes anterior e posterior do corpo, ou pelos lados. Façam o Sanduíche de Reiki sentados e dediquem uns quinze minutos para o tratamento. No início, um dos participantes alisa a aura. Durante o tratamento, as mãos se dirigem intuitivamente para as áreas necessitadas do corpo. No final, a aura é novamente alisada. Revezem-se sucessivamente na posição de receptor para que todos possam receber Reiki.

O CÍRCULO DE REIKI

Esta técnica é ideal para ser usada em encontros rápidos e durante os seminários de Reiki — uma maneira eficaz de ativar e aplicar Reiki entre todo o grupo. Aqui, o doador é simultaneamente receptor.

Fiquem de pé ou sentem-se em círculo e coloquem as mãos suavemente sobre os ombros ou na cintura da pessoa à frente. Deixem a energia fluir pelas mãos.

TRABALHO EM GRUPO COM AS TÉCNICAS DO SEGUNDO GRAU

É possível aplicar tratamentos em grupo usando as técnicas do Segundo Grau. Em cursos de Reiki avançado, nós nos reunimos para aplicar tratamento em grupo com a técnica do Tratamento a Distância. A idéia é trabalhar diretamente sobre pessoas, temas ou áreas problemáticas com diversas pessoas atuando simultaneamente. Enviamos a cura a uma situação específica e visualizamos qualidades e energias positivas manifestando-se nas pessoas envolvidas.

APOIO DO GRUPO
Karin havia pedido ajuda e
tratamento para uma entrevista de
trabalho. Ela tinha medo de não conseguir o
emprego porque estava nervosa e seria reprovada.
Os membros do grupo lhe enviaram Tratamento a Distância e
visualizaram as características positivas de Karin, vendo-a conduzir-se
com uma imagem positiva de si mesma e muita confiança. O grupo assinalou
a situação com uma etiqueta que registrava a data e a hora exatas da entrevista.
Karin contou depois que nunca antes se sentira tão calma e à vontade numa
entrevista de trabalho. O resultado foi que ela recebeu uma oferta de emprego.

Capítulo 7
REFLEXÕES SOBRE A SAÚDE E A DOENÇA

"Notei que o meu desejo de paz e de realização espiritual intensificou-se e que a minha determinação de curar a mim mesmo é maior." DAVID

Quando temos saúde, sentimo-nos fortes e cheios de energia e alegria de viver. Estamos equilibrados, contentes e em harmonia com nós mesmos. Se saímos desse estado de harmonia, o corpo cria uma doença, ou um desequilíbrio. Esse tipo de distúrbio acontece antes na mente e depois se reflete como sintoma físico. O corpo não é doente; só a pessoa toda pode ser doente, mas essa doença se manifesta como sintoma físico. O corpo é um reflexo do nosso estado mental.

Para compreender melhor o fenômeno da saúde e da doença, precisamos pensar numa pessoa como uma unidade constituída de corpo, mente e alma. O corpo é a parte material, sólida, terrena. Ele é a "casca" da alma, enquanto a mente e a alma são sutis. A mente nos relaciona com uma fonte inesgotável de luz, amor e sabedoria. A alma está ligada a nós por meio do Eu Superior e conhece nosso propósito na vida.

BACH E "O SIGNIFICADO DA DOENÇA"

O médico inglês fundador da Terapia Floral de Bach, dr. Edward Bach, revelou que a presença de uma doença sempre implica conflito entre o que a pessoa quer e o plano de vida da alma da pessoa. A doença é o resultado desse conflito criado quando a pessoa se recusa a fazer o que a alma realmente deseja. A desarmonia, ou a doença, existe entre o Eu Superior, ou espiritual, e a personalidade inferior.

Bach diz que a doença nos é enviada para acelerar o desenvolvimento pessoal e que ela é de natureza "benevolente": a doença é um método que visa levar-nos de volta ao caminho da compreensão. De acordo com ele, se seguíssemos nosso guia interior, poderíamos viver sem doenças. Isso tem a ver com nossos processos de crescimento interior, que não precisam necessariamente se desenvolver através da experiência efetiva da doença em si.

"Nunca imaginei que algo tão intenso e maravilhoso poderia me acontecer. O Reiki me ajuda a relaxar e renovou minhas esperanças de que talvez eu possa voltar a ver perfeitamente." SUSAN

Uma pessoa pode sentir-se fisicamente saudável e livre de sintomas de doença, mas ainda assim sofrer de uma condição espiritual desarmoniosa na esfera emocional. Se essa pessoa é incapaz de lidar com a tarefa de aprendizado no nível mental-espiritual, o processo se volta para o nível físico, provocando uma reação — que se manifesta como sintoma.

Toda doença tenta dizer-nos alguma coisa e tem uma mensagem específica para nós. Em primeiro lugar, precisamos perceber e aceitar essa mensagem. Quando um sintoma se manifesta no corpo de uma pessoa, é inicialmente percebido como um transtorno. O ritmo e a rotina de nossa vida diária são interrompidos. O sintoma requer atenção. É importantíssimo não rejeitar nem reprimir a doença, mas compreender seus sinais. Os sintomas físicos sempre nos mostram alguma coisa. Se aceitamos o desafio e somos honestos com nós mesmos, podemos aprender com ele; demos o primeiro passo para a cura.

A Transformação dos Padrões de Crença

A causa de uma doença está na esfera mental-espiritual, e é aqui que precisamos procurar as primeiras soluções possíveis no reconhecimento e transformação de nossos próprios padrões negativos e atitudes com relação à vida.

Os esforços de cura dirigidos especificamente para o corpo são úteis e abrandam o sofrimento, mas não têm influência sobre a raiz do problema. Com métodos holísticos, de expansão da consciência e de cura mental, como o Reiki, a cura espiritual, a homeopatia, a hipnose, o aconselhamento e as meditações de cura, podemos alcançar a cura permanente. Com o *Mental Healing* (ver pp. 84-5), podemos trabalhar diretamente sobre os sintomas da doença e suas causas. Podemos perceber claramente o que está errado com a pessoa doente, o que foi reprimido e do que ela precisa para recuperar completamente a saúde. No processo de cura, sentimentos reprimidos também podem ser ativados. É importante que a pessoa sob tratamento aceite esses sentimentos e deixe que eles se expressem.

Geralmente nos aproximamos rapidamente do verdadeiro tema central de uma doença respondendo à seguinte pergunta: "O que o sintoma me impede de fazer?" Em segundo lugar: "O que o sintoma me obriga a fazer?" E finalmente: "Quais são as circunstâncias que acompanham o sintoma quando ele ocorre?" Por exemplo, uma gripe o impede de aceitar um convite e o obriga a ficar na cama. Ao falar sobre o sintoma físico, você pode compreender mais facilmente o que está por trás dele prestando atenção ao modo como você se expressa e à linguagem que usa. Isso pode apontar a direção certa, possibilitando que você identifique a causa que está na raiz de um sintoma. Por exemplo, se uma funcionária de um escritório não admite para si mesma ou para o patrão que está realmente exausta e que gostaria de ter alguns dias de folga, seu corpo físico pode tomar a iniciativa de pegar uma gripe. No plano físico, o resfriado é aceito e leva ao resultado desejado. Desse modo, o desejo inconsciente se manifesta no corpo e usa o resfriado como sintoma para tornar o desejo real consciente.

A Percepção das Mensagens

Antes que um problema no corpo se manifeste como doença, ele se anuncia na psique como um tema, idéia, desejo ou fantasia. Se estamos em contato com o Eu Superior e com o inconsciente, podemos sentir suas mensagens. Se dermos espaço a esses impulsos e, como disse o dr. Bach, se seguirmos "a orientação de nossa alma", nenhum desequilíbrio irá tão longe a ponto de se manifestar na esfera física. Se, porém, vivermos de acordo com idéias e padrões estreitos e não prestarmos atenção às mensagens da alma e de nossos impulsos inconscientes, o corpo procurará encontrar uma linguagem mais direta e visível. Assim, depois de um leve distúrbio funcional, pode desenvolver-se um sintoma físico agudo, como uma inflamação. Esse sintoma pode instalar-se em qualquer parte do corpo. Como leigos, reconhecemos esses sintomas por sua terminação "-ite", como em artrite ou cistite, por exemplo. Toda inflamação no corpo é um pedido de reconhecimento de algo e uma tentativa de revelar um conflito inconsciente.

"Desde o Segundo Grau, meu trabalho terapêutico cresceu. Agora sei como tratar com confiança."
Derek

*"Tudo o que você precisa fazer é encontrar o seu centro,
e a meditação é o meio mais simples para isso.
Ela o tornará inteiro, espiritualmente saudável..."*
OSHO

DISTÚRBIOS CRÔNICOS

Se essas indicações não são reconhecidas e compreendidas, a inflamação aguda transforma-se numa afecção crônica, como qualquer um dos sintomas terminados em "-ose", como arteriosclerose ou osteocondrose, por exemplo. Desordens crônicas freqüentemente iniciam mudanças físicas lentas que então, num estágio posterior, se tornam incuráveis, como câncer, degeneração de órgãos ou Aids. Esse desenvolvimento pode então finalmente levar à morte. Assim, a doença é um desafio que exige de nós um crescimento maior. Quando reconhecemos as mensagens dos sintomas, temos oportunidade de usá-los para nosso maior desenvolvimento e cura.

A EXPERIÊNCIA DA CURA

Respeitando e amando nosso corpo e aceitando-nos como somos, vivenciamos a cura. Precisamos voltar a desenvolver a sensibilidade em relação a nós mesmos e ao nosso corpo para entrar em contato mais íntimo com nosso ser. Na sociedade atual, especialmente na cultura ocidental, a mente é dominante. Em outras palavras, vivemos excessivamente com a cabeça e não prestamos atenção suficiente ao corpo e às sensações. Se nos separamos dessa fonte de energia que as sensações fornecem, em geral deixamos de viver a vida em sua plenitude. Sentimo-nos abatidos e deprimidos. A depressão é uma expressão da repressão, de sensações não vivenciadas. São as sensações que nos fazem viver e nos põem em contato com nossas necessidades. Perceber o que precisamos fazer para nos sentirmos contentes, aptos e saudáveis nos aproxima de nós mesmos e fortalece nossa vontade de viver. A alegria e a vontade de viver nos fornecem energia vital suficiente, e assim as doenças físicas são quase impossíveis.

Todos temos um médico dentro de nós. O "médico interior" conhece as respostas e os métodos de cura corretos para nosso problema. De um modo amoroso, o "médico interior" corrige tudo no seu próprio tempo, e nós podemos ajudá-lo em sua tarefa concedendo-lhe o espaço e o tempo para que ele faça o que precisa ser feito. Há terapias que usam "diálogos de cura" que possibilitam um contato amoroso e intenso com um órgão. Você recupera a sensibilidade em relação a si mesmo, recebendo informações sobre a causa da doença e so-

A Importância do Relaxamento

No processo de cura pessoal, o relaxamento do corpo, da mente e das emoções cumpre um papel muito importante. Como o corpo está perto do Eu, o relaxamento consciente do corpo é o primeiro passo. Dado o primeiro passo, fica mais fácil dar o segundo, que é o apaziguamento de nossos pensamentos, e o terceiro, que é possibilitar o desenvolvimento de emoções positivas de amor e paz, que favoreçam o relaxamento profundo e a realização. Quando estamos em contato com o coração, temos também mais facilidade para entrar em contato com nosso ser ou essência. Aqui experimentamos momentos de paz e silêncio que nos fazem sentir que somos parte do grande todo.

Um meio muito eficaz de relaxar e sentir-se feliz e saudável é a meditação. Osho, um místico indiano, desenvolveu técnicas de meditação especiais para os ocidentais. Esses métodos são em parte dinâmicos e ativos e têm como objetivo o relaxamento do corpo por meio da atividade. Nosso estilo de vida muitas vezes nos expõe ao *stress*, e muitas vezes não conseguimos expressar nossos sentimentos espontaneamente. Com suas técnicas de meditação, Osho chama a atenção para a importância de vivenciar as energias negativas, como a raiva ou a frustração. Assim, em alguns métodos de meditação, há fases de catarse que nos livram de bloqueios físicos e emocionais. Só quando damos vazão a essas tensões é que podemos relaxar a mente e o coração e nos aproximar gradualmente do nosso centro.

A Manutenção da Saúde

Para nos mantermos saudáveis na vida diária, é importante estar em harmonia com nosso ser. O autotratamento diário com Reiki favorece esse processo. O Segundo Grau de Reiki põe a nossa disposição as técnicas do *Mental Healing*, que nos dão condições de trabalhar ainda mais eficazmente sobre temas pessoais, problemas e causas de doenças. Por meio de meditações e "conversas" de cura com o corpo, podemos intensificar ainda mais o desenvolvimento e a cura interiores.

> *"A palavra 'meditação' e a palavra 'medicina' derivam da mesma raiz. Medicina significa aquilo que cura o físico, e meditação significa aquilo que cura o espiritual. Ambas são poderes de cura."*
>
> Osho

CONVERSE COM SEU CORAÇÃO

O exercício a seguir pode ser muito útil para ajudá-lo a entrar novamente em contato com seus sentimentos. Fique imóvel e em silêncio. Concentre a atenção no coração. Se sentir peso ou aperto no coração, procure suspirar para acalmar-se. O suspiro alivia a pressão sobre o coração, soltando as preocupações, os medos e tudo aquilo a que você esteja se prendendo. Faça o exercício para liberar as preocupações e a tensão do dia antes de pegar no sono.

➤ *Entre em contato com seu coração e coloque uma ou ambas as mãos no meio do peito (o centro cardíaco ou chakra do coração/quarto)*

➤ *Em seguida, fale com seu coração como se ele fosse um velho amigo.*

➤ *Se quiser, faça perguntas e espere até receber uma resposta.*

A Meditação Nadabrahma

A meditação "Nadabrahma" (originariamente praticada por monges tibetanos e desenvolvida por Osho), tem um efeito calmante e curativo intenso. Ela pode ser feita a qualquer hora do dia, individualmente ou em grupo. Se você a praticar de manhã cedo, é aconselhável fazer uma pausa de quinze minutos antes de iniciar suas atividades diárias. A meditação tem duração de uma hora e se divide em três estágios. Os dois primeiros estágios são acompanhados por uma música meditativa relaxante.

"Encontrando a si mesmo,
você encontra sua casa.
Encontra seu amor, seu êxtase inexaurível;
descobre que toda a existência está
pronta para que você dance, se alegre,
cante — para que você viva
intensamente e morra feliz.
Essas coisas acontecem
espontaneamente."
Osho

Primeiro Estágio (trinta minutos)

1. Sente-se numa posição relaxada, com os olhos e os lábios fechados.
2. Comece a entoar o som "hum", suficientemente alto para ouvir a si mesmo e criar uma vibração em todo o corpo. Imagine que seu corpo é um tubo que se preenche com a vibração desse som. Não é necessária nenhuma técnica de respiração especial nesta meditação; apenas emita o som "hum" ao soltar o ar. Se quiser, altere ligeiramente o tom ou movimento o corpo suave e lentamente.

Segundo Estágio (quinze minutos)

O segundo estágio divide-se em duas sessões de sete minutos e meio cada uma.
1. Posicione as mãos na frente do corpo (perto do umbigo), com as palmas para cima.
2. Agora, num movimento circular, movimente as mãos de dentro para fora. As mãos se afastam do umbigo e se separam para formar dois grandes círculos iguais, um à direita, outro à esquerda. Execute todo o movimento lentamente, tão lentamente que dê a impressão de não estar acontecendo. Sinta como se você estivesse dando sua energia interior para o universo.
3. Depois de sete minutos e meio, volte as palmas para baixo. Agora movimente as mãos na direção oposta. As mãos se encontram perto do umbigo e então se separam novamente em ambos os lados do corpo, traçando grandes círculos iguais. Sinta como se você estivesse atraindo energia para si. Se quiser, movimente também o corpo, lentamente.

Terceiro Estágio (quinze minutos)

Sente-se ou deite-se absolutamente quieto e silencioso.

Capítulo 8

DEPOIMENTOS

"É como se uma mudança ainda maior tivesse sido desencadeada, abrindo-me para receber amor, atenção e afeto." **ALEX**

Neste último capítulo, quero partilhar com você as variadas experiências com o Reiki vividas por alguns participantes dos meus cursos. Esses depoimentos de canais praticantes de Reiki evidenciam claramente a contribuição que esse método de cura natural deu às suas vidas no que se refere a um maior relaxamento, à cura e a mudanças positivas. Espero sinceramente que essas impressões aproximem ainda mais o Reiki de você.

TRATAMENTO DE IDOSOS

"Trato muitas pessoas idosas — de oitenta anos ou mais —, e elas adoram o Reiki. O calor as envolve, e a dor diminui. Tenho uma cliente que sofre de artrite, osteoporose, pressão alta e problemas do coração. Apliquei-lhe quatro tratamentos até agora. Seu ombro, o pescoço e a parte posterior da cabeça ficam maleáveis e mesmo sensíveis com uma leve massagem. O Reiki é maravilhoso. Posso usá-lo para aliviar a dor e aumentar a mobilidade do pescoço dessa senhora. Ela não precisa tirar a roupa, o que por si só seria embaraçoso.

Uma outra senhora vem se tratando comigo, com aromaterapia, há umas oito ou nove semanas. Ela sente dores nas costas e nas pernas. Embora sempre tenha caminhado muito, ela não consegue caminhar há um ano e meio. A massagem surtiu algum efeito. Apliquei-lhe dois tratamentos de Reiki até agora; ela voltou a caminhar, as costas estão mais fortes, a dor diminuiu, e ela chega sorrindo e feliz. Descobri que, combinando Reiki e aromaterapia, o relaxamento é profundo, muito mais profundo do que com a aromaterapia sozinha. Os músculos relaxam sob a imposição das minhas mãos de Reiki. É maravilhoso, estimulante, admirável. Às vezes mal consigo acreditar no que acontece sob minhas mãos." **EILEEN**

TRATAMENTO DE PÁSSAROS

"As aves reagem muito bem ao Reiki. Sempre que um pássaro entra em nossa casa e precisa ser socorrido, primeiro aplico Tratamento a Distância para acalmá-lo. Quando ele se aquieta, chego perto dele, pego-o com as mãos em

concha e levo-o até a saída mais próxima. Abro então as mãos para que ele possa voar. Freqüentemente observo que o pássaro fica tão tranqüilo e se sente tão bem que sempre fica alguns momentos mais antes de voar. Certa vez, até, um pequeno tentilhão ficou ajeitando as penas por um tempo antes de sair voando." AMANDA

TRATAMENTO DE EM E DA DEPRESSÃO

"Sofri de EM (encefalomielite miálgica)/fibromialgia nos últimos onze anos, embora, até dois anos atrás, os sintomas físicos fossem disfarçados por uma grave depressão recorrente. Tomei lítio de 1990 até o ano passado. Hoje tomo uma bateria diária de vitaminas e tenho uma alimentação predominantemente vegetariana. Há quatro anos parei de fumar e desde o ano passado, depois de uma reação adversa, parei de beber. Paula vem me tratando com aromaterapia com sucesso razoável. Os óleos parecem ajudar, mas é difícil relaxar na maca durante a massagem.

Sandra me aplicou o primeiro tratamento de imposição das mãos. Relaxei completamente e fiquei na maca por mais de uma hora. Na verdade, perdi a noção de tempo, e essa é uma característica do tratamento. Acho que, inicialmente, esqueço os problemas, a mente parece se concentrar melhor, e então relaxo completamente. Sempre me sinto muito melhor depois do tratamento; não apenas mais relaxado, mas também muito mais energizado. Embora não tenha havido melhora dos sintomas, o maior benefício está na mudança de atitude. Creio que adotei uma atitude muito mais positiva e, atrevo-me a dizer, tenho a impressão de estar mais solto e relaxado.

Do ponto de vista do tratamento, o calor nas mãos de Sandra sem dúvida aumentou depois da sintonização de Reiki. Uma coisa que me impressiona é que quando ela cobre meus olhos, as mãos dela normalmente estão frias; mesmo assim, sinto meus olhos quentes, como se estivesse ao sol com os olhos fechados. Nós dois notamos que eu geralmente tenho poucos tremores ou espasmos musculares durante o tratamento." GEORGE

UMA EXPERIÊNCIA DE MUDANÇA

"Vivenciei uma profunda sensação de serenidade e paz naquele fim de semana (seminário de fim de semana do Primeiro Grau de Reiki). Senti ter entrado num lugar muito especial dentro de mim e tive certeza de que o Reiki foi um acréscimo muito bem-vindo à compreensão da minha vida.

No momento, uso o Reiki principalmente para sustentar meu crescimento e desenvolvimento pessoal. Baseado em minha experiência direta da vida e nas informações que obtive por meio do meu interesse por astrologia, sinto que o tempo presente é de muita mudança para mim. Essa mudança está tanto nos níveis profundos das crenças que tenho sobre mim mesmo, sobre os outros e sobre o mundo, como também no modo como me aproximo das pessoas e me relaciono com elas. Acho essa transformação assustadora às vezes, pois deixo para trás minhas velhas formas de sobrevivência e, com a ajuda de outras pessoas, tanto profissionais como amigos, reavalio minhas estratégias de sobrevivência e crescimento atuais.

Em outras ocasiões, o Reiki trouxe à superfície coisas e percepções que me ajudaram a compreender por que estou me comportando ou sentindo de determinado modo. Às vezes, escolher um caminho diferente ou redirecionar uma crença interior é a primeira parte de uma nova visão da realidade. Em minha experiência, o Reiki me ajuda a trilhar meu novo caminho dando-me energia e percepção renovada e ajudando-me a abandonar modos de ser menos saudáveis.

No nível físico, o Reiki tem sido um modo extraordinário de aliviar a dor e facilitar a cura, desde uma simples torcedura até uma ferida infeccionada. Uso o Reiki em combinação com a homeopatia e o shiatsu, e ainda com a medicina convencional, e vejo que ele se ajusta bem a todas essas alternativas." SAM

UMA REVELAÇÃO

"Descobri o Reiki por acaso, por intermédio de uma amiga que participaria de um curso de final de semana para aprender a tratar seu cachorro de estimação, que estava com câncer. Quando ela me falou do curso, eu soube de imediato que era exatamente isso que eu vinha procurando e pensando havia vários meses. O final de semana foi uma revelação; foi como voltar para casa, como encontrar uma parte de mim que estava faltando — uma parte que eu sabia que estava lá, mas da qual eu não sabia como me aproximar. Foi como religar-me a uma fonte que me fez sentir mais completa. A sensação de alívio por ser religada desse modo foi extraordinária. Tudo foi muito estimulante, mas ao mesmo tempo calmo, equilibrado e apropriado para mim.

Depois do final de semana, surpreendi-me aplicando tratamentos de Reiki em muitas pessoas; elas simplesmente apareciam, e os resultados eram muito animadores. Todas ficavam impressionadas com o calor transmitido por minhas mãos, com as cores e visões que tinham, com o relaxamento e a revitalização que recebiam e com o alívio da dor. Eu também estava encantada por descobrir que aplicar Reiki produz em mim exatamente o mesmo efeito de relaxamento e revitalização.

Depois do segundo final de semana, meu compromisso e religação foram reforçados, e outra dimensão se abriu com os símbolos, com o *Mental Healing* e com o Tratamento a Distância. Sinto-me privilegiada por ter recebido essa dádiva e por ser capaz de partilhar a experiência do Reiki com outras pessoas, dando e também recebendo." HELENE

Uma Mudança de Vida

"Assim, para mim pelo menos, o Reiki provocou uma mudança de vida. Ele desencadeou uma experiência muito dolorosa (sem as sintonizações, eu dificilmente teria ficado tão vulnerável e certamente não teria havido aquela liberação de energia), mas o resultado valeu a pena. Acho que me tornei muito mais suave e afetuosa. Procuro não julgar e tento realmente servir, agora, e também confiar — no universo, na alma ou no que seja que nos motiva.

Usei um pouco de Reiki em outras pessoas, e sempre foi benéfico. Acalmei algumas dores de cabeça bastante fortes; recuperei energia perdida; e literalmente abri um frasco de perfume que estava tão bem fechado (havia anos) que se pensava que o único modo de abri-lo seria quebrando o gargalo... e quem se importaria? Apliquei Reiki no vidro todos os dias durante duas ou três semanas... um minuto ou dois, apenas, e o visualizava se abrindo; também enviei-lhe muito amor. Um belo dia, ele se abriu." Susan

Sucesso com o Tratamento a Distância

"George, um terapeuta da polaridade, pediu-me para aplicar-lhe um tratamento, pois ele estava com uma reação alérgica a alguma coisa. Um osteopata que ele treinava em polaridade lhe dissera que o problema poderia estar sendo causado pela nona vértebra dorsal. Assim, combinamos um horário para um Tratamento a Distância. Fiquei muito contente com a oportunidade, pois sabia que George me faria uma boa avaliação; ele é sensível e está acostumado a trabalhar com energia.

Bem, enviei-lhe quatro tratamentos. Ele pôde efetivamente sentir, o que foi extraordinário. O primeiro tratamento quase eliminou sua reação alérgica, uma rinite. O segundo o fez dormir. Os outros dois elevaram seu estado de espírito, pois ele estava se sentindo um tanto deprimido. A reação alérgica desapareceu e não se manifestou mais.

Depois disso, fiquei realmente entusiasmado com o Tratamento a Distância, pois agora tinha provas de que ele funciona. O que mais me interessou, porém, foi notar que minhas mãos estão muito mais sensíveis durante o Tratamento a Distância. Consegui captar alguns problemas, o que não estava acontecendo quando usava o Reiki de imposição das mãos. O Tratamento a Distância parece ser mais forte. Às vezes, percebo também que não consigo retirar as mãos de um ponto. É quase como se elas estivessem grudadas nesse ponto; de repente, porém, soltam-se. É realmente fascinante. Percebo que o corpo sobre o qual trabalho precisa de tratamento intensificado nesse ponto e deixo que as mãos façam o que sentem que é necessário." David

Tratamento de Cavalos

"Tenho tratado muitos cavalos com Reiki, por isso minha amiga Linda pediu-me para tratar seus dois pôneis. Fui então ver William e Oscar — o veterinário havia desistido de tratá-los porque eles não reagiam ao tratamento. Oscar, um pequeno pônei Shetland, sofria muito por causa da artrite. Olhei para ele, de pé no centro da baia, o joelho mergulhado numa aconchegante camada de palha, uma porção de feno fresco à sua frente; todavia, todo o seu corpo estava envolvido por uma aura cinzenta e triste. Obviamente ele tinha dificuldade para mover-se, e parecia não conseguir dar um passo à frente. As quatro pernas estavam travadas, a cabeça pendia, a respiração era acelerada e ele estava muito quente.

Comecei a aplicação de Reiki pela cabeça e fui descendo aos poucos por todo o corpo. Em pouco tempo, ele relaxou e deitou sobre a palha, onde se esticou e adormeceu. Passei então algum tempo aplicando Reiki no estábulo, onde muita energia negativa havia se acumulado.

Visitei Oscar três dias seguidos e apliquei-lhe o mesmo tratamento. No terceiro dia, ele já parecia bem mais feliz. Deixei então a natureza fazer sua parte e o visitei e tratei uma vez por semana durante três ou quatro semanas. Na última visita, ele estava no pasto; ao ver-me, trotou para longe, como que zombando de mim. Mas depois se aproximou e ficou parado durante três minutos enquanto eu lhe aplicava um tratamento. Tive certeza de que tudo estava normal quando ele se virou rapidamente, mordeu o meu traseiro e galopou colina acima." Bob

Tratamento de um Cão de Pastoreio

"Brin é um cão de pastoreio que foi atropelado e estava com as pernas traseiras quebradas. O veterinário dera uma semana de prazo para se observar alguma melhora, mas não acreditava que o cão voltaria a desempenhar suas tarefas com a mesma eficiência de antes. Os tratamentos de Reiki que eu aplicava geralmente duravam uma hora, com ênfase maior na cabeça, nas pernas e na bexiga (ele não estava urinando) e terminando com as posições de mãos normais. Durante um tratamento, concentrei-me bastante na bexiga — naquela noite ele urinou.

Brin foi melhorando dia após dia. Hoje pode-se vê-lo correndo pelos campos, reunindo as ovelhas." Sheila

Dor de Cabeça Devido à Tensão

"Uma de minhas clientes de aromaterapia estava para sair de férias e viajaria de avião pela primeira vez. Ela me telefonou para dizer que estava com dor de cabeça havia três dias; ofereci-me para enviar-lhe Reiki. Eu estava curiosa para saber se a tensão se devia ao vôo. Alguns dias depois, recebi um cartão postal; ela me dizia que a dor de cabeça havia desaparecido depois da sessão de Reiki e que ela estava se divertindo muito, a ponto de voar de helicóptero sobre o Grand Canyon." ELISABETH

REIKI PARA PLANTAS

"Uma de minhas clientes de aromaterapia mostrou interesse pelo meu certificado do Primeiro Grau de Reiki; fiquei satisfeita e aproveitei a oportunidade para falar-lhe alguma coisa sobre o tratamento de Reiki. Ela então resolveu receber um tratamento, e eu lhe apliquei uma sessão mista de aromaterapia e Reiki. Durante a conversa, eu mencionara que o Reiki podia ser usado também para tratar plantas, ao que ela comentou que tinha em casa um cacto de Natal muito doente que talvez pudesse recuperar-se com um pouco de ajuda. No dia seguinte, recebi um telefonema dessa senhora. Ela disse que tinha se assustado ao chegar em casa; ela havia resolvido aplicar Reiki em sua planta e a envolvera com as mãos, como tinha me visto demonstrar algumas horas antes. Com espanto, sentiu um grande calor nas mãos e quase deixou cair o vaso! Ela resolveu fazer nova aplicação no dia seguinte, mas o calor não se manifestou mais. Sua conclusão foi que o calor devia ter se originado indiretamente da sessão de Reiki que ela havia recebido naquele dia." SUSIE

TRATAMENTO DE ANIMAIS

"Eu gostaria de dar alguns exemplos de como os animais reagem bem ao tratamento de Reiki. Em primeiro lugar, o exemplo de uma vaca que passava por grandes dificuldades. Ela tivera um parto muito difícil de primeiro bezerro. Depois do nascimento, como às vezes acontece, ela não conseguia ficar de pé. A pelve estava muito machucada, se não arruinada, e ela não conseguia usar as pernas traseiras. Em todos os outros aspectos, ela parecia estar bem. Enquanto a vaca ficou no campo, com o fazendeiro alimentando-a e molhando-a diariamente, resolvi tentar ajudá-la. Todos os dias, eu me aproximava dela usando o Tratamento a Distância, para acalmá-la e acostumá-la à minha presença. Em seguida, colocava as mãos nas laterais da base da espinha durante alguns minutos e afagava suas pernas traseiras. Ela parecia gostar disso e sempre ficava bem quieta, quase adormecendo. Eu a tratava durante uns vinte minutos todos os dias, e quando parava, ela me olhava com olhos afáveis, como que pedindo mais!

Aos poucos, com o passar dos dias, ela começou a fazer tentativas de levantar-se, porém as pernas traseiras ainda estavam muito fracas. Mas ela parecia não sentir dores. Passado algum tempo, o fazendeiro, vendo que a vaca estava ficando mais forte, começou a ajudá-la içando-a com um guindaste; com esse apoio extra, ela podia ficar de pé um pouco mais de tempo todos os dias. Ela parecia melhorar a cada dia, tornando-se também mais positiva, como se recuperasse a vontade de viver. Sem dúvida nenhuma, o Reiki a estava ajudando muito, porque depois de cada tratamento ela tentava levantar-se por si mesma. O progresso era lento. Infelizmente, lento demais para o fazendeiro. Se lhe tivesse sido dado tempo, tenho certeza de que ela teria se recuperado completamente. Mas as coisas não se passaram desse modo: uma injeção letal tirou-lhe a vida.

O segundo exemplo se refere à minha terrier mais velha, Jack Russell. Ela havia desenvolvido uma gastrenterite muito grave. Tudo o que lhe dávamos para ajudá-la não fazia nenhum efeito. Ela foi perdendo peso rapidamente e ficou muito irrequieta e perturbada. O problema se agravava à noite, porque ela precisava sair a cada quinze minutos. De um modo ou de outro, a situação precisava ser resolvida.

Decidi aplicar-lhe Reiki. Comecei a acalmá-la posicionando minhas mãos com firmeza na parte inferior de seu corpo, que estava muito quente. Quando ela tentava se levantar, eu a acalmava acariciando-a com uma das mãos e passando-lhe a energia de cura do Reiki com a outra. O calor parecia penetrar fundo em seu corpo, aquecendo os órgãos internos e os intestinos. Finalmente ela adormeceu. Repeti o tratamento no dia seguinte; aos poucos, a dor e a diarréia diminuíram. Apliquei-lhe mais Reiki para repor a energia perdida; no terceiro dia, ela estava completamente curada. O veterinário havia comentado que era impossível recuperá-la sem remédios, pois as condições eram graves." ROSE

UMA MORTE TRANQÜILA

"Certo dia, à tardinha, como sempre faço, fui alimentar algumas galinhas caipiras que crio. Fiquei muito aborrecida ao ver que uma delas não estava nada bem. A crista estava púrpura, e ela respirava com dificuldade. Percebi que ela estava morrendo, pois era uma galinha velha, mas resolvi aplicar-lhe Reiki mesmo assim. Minhas galinhas estão acostumadas ao meu colo, mas nesse dia essa galinha adoentada ficou muito agitada, por isso coloquei-a debaixo do arbusto onde ela geralmente ficava; fui então para casa e apliquei-lhe um Tratamento a Distância. Meu marido foi vê-la uma hora depois; para sua surpresa, ela havia recuperado a cor normal e corria atrás do milho que ele jogava para todas. Ela estava bem quando fechamos o galinheiro à noite, mas a encontramos morta na manhã seguinte. Nessa ocasião, creio que o Reiki aliviou a dor de nossa galinha e favoreceu sua morte tranqüila enquanto ela dormia à noite."

VALERIE

TRATAMENTO PARA DOR NOS OMBROS

"Eu havia combinado com meu sobrinho, já adulto, enviar-lhe um tratamento para as dores que ele sente nas costas, onde vem tendo problemas.

Fui obedecendo à seqüência, e quando pus as mãos nos seus ombros tive uma sensação realmente estranha. Senti como se minhas mãos se movimentassem para a frente e para trás, quase como se estivesse fazendo uma massagem. Quando a sensação diminuiu, aproximei as mãos da coluna e a sensação voltou.

Terminado o tratamento, telefonei a Roy e perguntei se ele tinha algum problema com os ombros — ele respondeu que eles estavam inflamados e doíam muito. Perguntei então como ele os sentia naquele momento. Surpreso, ele disse que a dor havia desaparecido." ELEANOR

GLOSSÁRIO

Afirmação
Geralmente, uma frase ou palavra que descreve uma condição positiva que desejamos para nós mesmos.

Aura
O campo de energia que envolve o corpo; uma essência sutil, invisível. Pode-se ver a aura através da fotografia Kirlian.

Canal
Uma pessoa cujo canal interior de cura foi aberto para as energias sutis do Reiki. Essas energias fluem através da pessoa, que as usa para tratar a si mesma e aos outros.

Chakra
Centro circular de energia no corpo humano sutil. Há sete chakras principais localizados no corpo etérico. Neste livro, eles são conhecidos como: chakra da raiz (primeiro), do sacro (segundo), do plexo solar (terceiro), do coração (quarto), da garganta (quinto), do terceiro olho (sexto) e da coroa (sétimo). A palavra "chakra" deriva do sânscrito e significa "roda". No plano físico, os chakras coincidem aproximadamente com o sistema endócrino.

Chakra da testa
Também conhecido como terceiro olho, este chakra é responsável pela clarividência, pela telepatia e pelo despertar espiritual. É estimulado pela meditação.

Corpo etérico
O equivalente energético do corpo físico; nele se localizam os chakras.

Corpo sutil
A parte do corpo invisível à visão "normal" e carregada com uma vibração mais elevada.

Energia de luz
Descreve o fato de que na natureza a substância básica de todas as coisas é a energia, e a energia, em sua essência, é luz. No Reiki, essa energia de luz é ativada a partir de dentro.

Energia sutil
Ver acima.

Energia vital
A energia vital em todos os seres vivos.

Energia vital universal
A energia do Reiki.

Eu superior
Nossa parte divina. Dele recebemos orientação, como, por exemplo, no *Mental Healing*.

Freqüência vibratória
A freqüência da vibração de nossa energia vital, aumentada pela sintonização do Reiki.

Glândula timo
Glândula do sistema endócrino que, quando ativada, estimula positivamente o sistema imunológico humano.

Iluminado
Alguém que experimentou e vive sua própria divindade; alguém que viu a luz interior. A presença de um iluminado é um estado constante e permanente de ausência de ego. Também conhecido como místico, guru ou santo, como São Francisco de Assis, por exemplo.

Mantras
Palavras e sons que põem em vibração energias sutis. Os mantras são usados em meditações e nas transmissões da energia Reiki.

Meditação
Um estado de — "não-pensar" — "o despertar da testemunha interior". A meditação acontece no presente e é um estado imediato de "não-querer, não-fazer". Ela é o estado último de relaxamento.

Mental Healing
Cura por meio da mente, pela emissão de energia mental acumulada. Pode também ser feita sob a forma de Tratamento a Distância.

Meridiano
Nome para os canais de energia que percorrem o corpo transportando energia vital para os órgãos. Estimulando um meridiano, equilibramos e ativamos a função do órgão correspondente.

Místico
Ver Iluminado.

"Om"
Som ou mantra sagrado usado em cerimônias religiosas e em meditações.

Reflexologia
Técnica de massagem que trata os órgãos do corpo massageando a sola dos pés, onde se localizam as zonas reflexas desses órgãos.

Sacro
Osso situado na parte posterior da bacia, em continuação à coluna vertebral e acima da fissura das nádegas.

Sânscrito
Antiga língua da Índia.

Símbolos
Um símbolo compreende um desenho pictórico e um nome, ou mantra. Os símbolos do Reiki agem sobre o canal de cura do corpo, fazendo-o vibrar, aumentando assim a freqüência vibratória de todo o corpo.

Sintonizações
Iniciações especiais à energia Reiki, também conhecidas como transmissões de energia. As sintonizações abrem um canal para as energias de cura nos chakras.

Subconsciente
As partes dentro de nós que nos são desconhecidas. Elas contêm energias, lembranças, temas, sistemas de crenças e medos reprimidos. O subconsciente governa em grande parte nosso comportamento.

Supraconsciente
Um nível em nós que é consciente e cheio de luz; corresponde ao Eu Superior, que conhece e vê as coisas claramente. Também conhecido como intuição ou orientação espiritual.

Sutra
Palavra sânscrita que significa "linha", teorema ou manual. Os sutras também são usados para contemplação.

Tratamento a distância
Técnica pela qual enviamos energias de cura e pensamentos de amor a distância, em nível mental. Semelhante aos sinais de rádio e de TV, a energia de cura é enviada sobre uma "ponte de ouro", por assim dizer.

BIBLIOGRAFIA

Bach, Edward, *Heal Thyself*, C.W. Daniel Company Ltd, Reino Unido, 1994. [*Remédios Florais de Bach*, publicado pela Editora Pensamento, São Paulo, 1990.]

Baginski, Bodo & Sharamon, Shalila, *Reiki — Universal Life Energy*, LifeRhythm, EUA, 1988.
_____ *The Chakra Handbook*, Blue Dolphin.

Dethlefsen, Thorwald & Dahlke, Rüdiger, *The Healing Power of Illness*, Element, 1997.

Griscom, Chris, *The Ageless Body*, Simon and Schuster, EUA, 1992.

Hay, Louise, *Heal Your Body*, Hay House, 1998.
_____ *You Can Heal Your Life*, Hay House, 1987.

Horan, Paula, *Empowerment Through Reiki*, Lotus Light Publications, EUA, 1992.

Müller, Brigitte, Günther, Horst H., *A Complete Book of Reiki Healing*, LifeRhythm, EUA, 1995.

Osho, *The Orange Book*, Rajneesh Foundation International, EUA, 1983. [*O Livro Orange*, publicado pela Editora Cultrix, São Paulo, 1985.]
_____ *Meditation, The First and Last Freedom*, Boxtree, Reino Unido, 1995. [*Meditação*, publicado pela Editora Cultrix, São Paulo, 1979.]
_____ *Vigyan Bhairav Tantra*, The Rebel Publishing House GmbH, Alemanha.
_____ *Beloved of My Heart*, Darshan Diary, Rajneesh Foundation, Puna, Índia, 1978.
_____ *From Medication to Meditation*, C.W. Daniel Company Ltd, Reino Unido.

Weber-Ray, Barbara, *The Reiki Factor*, Expositions Press, EUA, 1983.

Títulos disponíveis em alemão

Bind-Klinger, Anita, *Heilung durch Harmonie*, Aquamarin Verlag, Alemanha, 1992.

Simonsohn, Barbara, *Das authentische Reiki*, Scherz Verlag, Alemanha, 1996.

Zopf, Regine, *Reiki, Ein Weg sich selbst zu vervollkommnen*, Weltenhuter Verlag, Alemanha, 1995.

Fitas Cassete

Osho (meditações), *The Forgotten Language (Talk to your Body)*, Nadabrahma-Meditation (música de Georg Deuter), disponível através de Osho-Purnima Distribution, Greenwise, Vange Park Rd, Basildon, Essex SS16 5LA, tel. 01268 584141.

Tanmaya Honervogt, *Reiki — A Guided Self-Treatment*, disponível através de Tanmaya Honervogt School of Usui Reiki, P.O.Box 2, Chulmleigh, Devon EX18 7SS, tel. 01769 580899.

AGRADECIMENTOS

AGRADECIMENTOS DA AUTORA

Quero agradecer a meu amigo Peter Campbell, por seu apoio criativo e prático durante o tempo em que estive trabalhando com o manuscrito. Obrigada a Jo Godfrey Wood, que editou o texto, interessou-se pelo Reiki, fez o Primeiro Grau e se tornou um canal de Reiki. Agradeço a todos os meus alunos de Reiki, que partilharam suas experiências comigo e me autorizaram a usar seus depoimentos como exemplos neste livro.

AGRADECIMENTOS DO EDITOR

A Gaia Books deixa aqui expressos seus agradecimentos às seguintes pessoas pela ajuda na produção deste livro: Lynn Bresler (pela leitura das provas e elaboração do índice), Alex, Rosa e Shama, Debbie, Darrell e Kipper (modelos).

AGRADECIMENTOS PELAS FOTOGRAFIAS

Todas as fotografias são de Photodisc, exceto as das seguintes páginas: Premgit, 25, 35, 41, 95, 112, Telegraph Colour Library, 15, 61, 123.
À Osho International Foundation, P.O.Box 5235, New York, 10150, USA, pelo uso da fotografia da página 5.

ENDEREÇOS ÚTEIS

The Reiki Association
Cornbrook Bridge House
Cornbrook, Clee Hill, Ludlow
Shropshire, SY8 3Q
England
tel./fax: 01584 891 197

The Reiki Alliance
P.O.Box 41
Cataldo ID 83810-1041
USA
tel. 208 682 3535

Reiki Outreach International
Mary McFadyen (Founder), R.O.I.
P.O.Box 609
Fair Oaks

CA 955628, USA
tel. 916 863-1500
fax: 916 888863-6464

Reiki Outreach International
P.O.Box 445
Buinyong 3357
Victoria
Australia
tel. 0353 413 969

Mornington Peninsula Reiki Centre
P.O.Box 17
Bittern 3918
Victoria
Australia
tel. 0359 83 9971